KB160690

정전협정 전후 한미상호방위조약 체결협상

한국외교협상사례 총서 2

정전협정 전후 한미상호방위조약 체결협상

초판 1쇄 발행 2022년 12월 15일

지 은 이 김계동
발 행 인 한정희
발 행 처 경인문화사
출판번호 406-1973-000003호
주소 (10881) 경기도 파주시 회동길 445-1 경인빌딩 B동 4층
전화 031-955-9300   팩스 031-955-9310
홈페이지 http://www.kyunginp.co.kr
이메일 kyungin@kyunginp.co.kr

ISBN 978-89-499-4952-9 94340
      978-89-499-4940-6 (세트)

국립외교원 외교안보연구소
외 교 사 연 구 센 터

정전협정 전후
한미상호방위조약 체결협상

김 계 동

경인문화사

간행사

　뛰어난 인재를 구하기 어려움은 옛날과 오늘이 다르지 않았으니, 선인들은 이를 '재난(才難)'이라는 말로 표현했습니다. 특히 대한민국 외교를 짊어질 외교관 후보자와 초임 외교관들에 대한 교육의 중요성과 어려움은 새삼 강조할 필요도 없을 것입니다. 이에 국립외교원 외교안보연구소 외교사연구센터는 외교관후보자 교육과 초임 외교관들의 실무에 도움을 주고자 2018년부터 「한국외교협상사례」총서를 발간하고 있습니다. 본 총서는 1948년 대한민국 정부 수립 이후 오늘에 이르기까지 외교부가 수행한 주요 외교협상 사례의 배경, 주요 쟁점, 전략, 과정, 성과 및 후속조치 등을 체계적으로 서술함으로써 그 공과(功過)를 기록하고 정책적 함의를 도출하는 데 그 목적이 있습니다.

　이를 위해 국립외교원은 국내 정치외교학계 및 국사학계의 최고 전문가들로 구성된 기획편집위원회의 자문을 받아 주요 외교협상사례 100건을 선정한 후, 이를 바탕으로 매년 5책 내외의 「한국외교협상사례」총서를 간행하고 있습니다. 본 편찬사업의 실무를 담당한 김종학 외교사연구센터 책임교수와 집필자 추천으로부터 최종 결과물의 심사에 이르기까지 전 과정에 참여해주신 신욱희, 홍석률 공동위원장을 비롯한 기획편집위원들의 헌신적인 도움과 노력에 심심한 사의를 표합니다. 본 총서가 장래 한국 외교의 동량(棟梁)이 될 우리 외교관 후보자들에게 귀감이 되는 교재이자 현직 외교관들의 유용한 업무 지침서로 널리 활용될 수 있도록 많은 관심과 격려를 부탁드립니다.

2022년 1월

국립외교원장 홍현익

"정전협정 전후 한미상호방위조약 체결협상"이라는 주제는 복합적인 내용을 포함하고 있다. 한국전쟁의 정전과정에 대한 내용을 기본으로 하면서, 한국 이승만 대통령의 정전반대, 그리고 이승만의 반대를 강압적으로 또는 설득을 통하여 찬성으로 돌리려는 미국의 전략이 포함되어 있다.

외교부에서 이 주제를 한국정부의 대외 협상사례로 연구하고 후세를 위해서 자료로 남겨 놓는 것은 매우 가치있는 작업이 될 수 있다. 미국과의 관계에 있어서 한국의 주권적 외교에 교훈이 될 수 있고, 한미동맹조약 체결의 과정에 대한 분석은 앞으로 우리의 미국과의 외교관계에서 어떠한 자세로 임해야 하는지를 여실히 보여주는 것이다.

이 주제를 연구하기 위해서 본 연구자는 과거에 연구하면서 수집했던 정부문서들 이외에, 이 주제에 대해서 보다 심층적인 연구를 수행하기 위한 자료를 보충적으로 수집할 목적으로 미국의 National Archive를 방문하여 미국의 비밀해제된 문서를 획득했다. 특히 1954년 11월에 체결된 한미합의의사록을 체결하기 위한 협상 과정에 대한 자료를 새롭게 수집했다.

이 주제를 선정하고 본 연구자에게 믿고 연구를 맡겨 주신 외교부 관계자, 국립외교원의 조양현 교수, 김종학 책임교수, 이상숙 박사, 정종혁 연구원을 포함한 담당자 여러분들, 그리고 주도적 역할을 하신 서울대의 신욱희 교수님께 감사드린다. 이 책을 출판하는 과정에서 필자와의 견해 차이로 작업에 고충을 겪었을 출판사의 담당자들께도 미안하고 감사한 마음을 전한다. 마지막으로 공동연구를 한 박

선영 박사의 헌신적인 도움이 없었으면, 이 연구는 불가능했을 것이다. 연구에 관련되는 행정업무, 자료수집 및 정리, 최종보고서 윤문 등 여러 가지 기여를 한 데 대해서 감사한 마음을 전하고 싶다.

2019년 8월

김계동

차 례

1. 본 총서는 한국외교협상사례 기획편집위원회가 선정한 『한국 100대 외교협상사례』에 기초하여 협상의 배경과 중요 쟁점, 전개과정과 협상전략, 후속조치와 평가 등을 서술한 것이다.

2. 본 총서의 집필자 추천 및 원고 심사는 한국외교협상사례 기획편집위원회가 담당하였다. 본 위원회의 구성은 다음과 같다.

   공동위원장   신욱희(서울대학교), 홍석률(성신여자대학교)

   위   원   신종대(북한대학원대학교)

   위   원   우승지(경희대학교)

   위   원   정병준(이화여자대학교)

   위   원   조양현(국립외교원)

3. 본 총서는 각 협상사례를 상대국 및 주제에 따라 총 7개의 클러스터로 분류하였다. 각 클러스터는 책등 및 앞표지 상단의 사각형 색으로 구분하였다.

   1) 한반도(황색)

   2) 미국(주황색)

   3) 일본(자주색)

   4) 중국, 러시아(보라색)

   5) 유럽, 제3세계(남색)

   6) 국제기구, 환경(녹색)

   7) 경제통상(연두색)

4. 부록에는 협상의 관련 자료와 연표 등을 수록하였다.

    1) 관련 자료에는 한국, 협상상대국, 제3국의 외교문서 원문 및 발췌문, 발표문, 언론보도 등을 수록하였다.

    2) 자료의 제목, 공식 문서명, 발신일, 수록 문서철, 문서등록번호, 기타 출처 등은 부록 서두에 목록화하였다.

    3) 연표에는 주요 사건의 시기와 내용, 관련 자료 등을 표기하였다.

    (예)

시기	내용
1950. 10. 7.	유엔총회 UNCURK 창설 결의
[자료 1] "Resolution 376 (V) Adopted by the General Assembly"	

    4) 자료의 제목은 공식 문서명을 기재하는 것을 원칙으로 하되(예: "Telegram from the Embassy in Korea to the Department of State") 편의상 자료의 통칭 등을 기재하기도 하였다(예: "닉슨 독트린").

    5) 자료는 원칙적으로 발신일을 기준으로 나열하되, 경우에 따라 협상 단계 및 자료간 연관성 등을 고려하여 배치하였다.

1953년 10월 1일 체결된 한미상호방위조약에 의하여 이루어진 한미동맹은, 공동의 안보위협 때문에 안보협력의 차원에서 이루어진 다른 동맹들과 달리, 미국이 휴전회담을 반대하던 한국정부와 이승만 대통령을 달래기 위해서 맺어준 동맹의 성격을 지니고 있다. 물론 한미동맹은 한반도에서 공산주의의 재침 위협을 억지하고, 재침시 공동으로 방어를 한다는 공동목표는 내재되어 있었다.

1950년 6월 25일 전쟁발발 후 전선이 한반도 남단과 북단을 오가는 극단적인 상황이 전개된 후, 1951년 봄부터 전선은 한반도 중간부분에서 교착상태에 빠져들었고, 유엔과 공산 측 모두가 이 전쟁을 군사적 승리로 끝내기 어렵다는 점을 간파하고 정치적 협상에 의하여 끝내려는 생각을 가지기 시작했다. 그러나 이승만 대통령은 1951년 7월부터 시작된 한국전쟁 휴전협상에 대해서 강력한 저항을 하면서 북한지역에 공산주의자들이 한 명이라도 남아 있는 상태에서의 휴전을 받아들일 수 없다는 태도를 보였다. 그는 휴전협상이 계속 전개되면, 한국군을 유엔군으로부터 철수하여 단독으로라도 북진을 하여 한반도에서 공산주의자들을 소탕하겠다는 강력한 의지를 보였다.

더 이상 군사작전에 의한 전쟁의 승리를 이루어 내기 어렵다고 판단한 미국 정부는 휴전의 성립을 전쟁의 목표로 전환하면서, 휴전협상에 대한 이승만의 협력이 절대적으로 필요했으나, 이승만은 휴전반대의 태도를 분명히 보이고 있었다. 설득과 압박을 하여도 이승만의 휴전반대 태도가 변하지 않자, 미국정부는 이승만의 휴전협조를 쉽게 받아 내기 어려울 것이라고 판단하고 이승만 제거작전(Operation Everready)을 수립했다. 이승만을 임시수도였던 부산으로부터 서울로 유인하여 감금하고, 미국에 협조하는 한국인을 지도자로 선정하는 작전이었다.

이승만 제거작전 실행을 논의한 끝에 미국정부는 이승만의 투철한 반공정신을 인정하고, 제거작전을 포기하면서 이승만이 우려하는 휴전 이후의 안전을 보장해 주는 목적으로 한미상호방위조약 체결을 결정했다. 전쟁이 재발할 경우 미국이나 유엔이 다시 도와줄 것을 보장하라는 이승만의 요구를 들어준 것이었다. 미국은 단기 목표인 휴전협정을 성공적으로 이루는 동시에, 강력한 반공주의자인 이승만을 장기적 목표인 미국의 동북아 전략의 파트너로 협력을 이끌어 내기 위해서 동맹조약을 체결해 준 것이었다. 이승만은 반공포로를 일방적으로 석방하는 등 강경한 태도를 보였지만, 미국은 이승만의 요구를 들어준 것이었다.

이승만은 휴전협정 체결 이전에 동맹조약을 체결하기를 원했으나, 동맹조약에 자동개입 조항 삽입 여부를 놓고 한미 간의 의견 차이 때문에 휴전 이전에 동맹조약 체결을 할 수가 없었다. 이승만 대통령은 보다 확실하게 미국으로부터 전후 안전을 보장받기 위하여 동맹조약에 자동개입 조항이 삽입되어야 한다는 점을 강조하였다. 그러나 미국은 의회에서 상호방위조약의 비준을 수

월하게 받으려면 자동개입 조항보다는 '헌법적 절차'에 의하여 개입하는 조항을 포함해야 한다는 주장을 하였고, 이를 관철했다. 그러나 한미상호방위조약에 의거하여 미군이 한반도에 주둔하고 있는 상황에서 전쟁이 발생하면 미군이 자동개입이 되기 때문에 동맹조약의 조항은 별 의미가 없는 것으로 인식이되었다. 한미상호방위조약 제4조에 미군이 한반도에 주둔한다는 내용이 들어있다.

한미상호방위조약 체결 이후에도 이승만 대통령의 북진 무력통일 의지는지속되었다. 특히 1954년 4월부터 개최된 제네바회담이 실패로 돌아간 이후이승만은 북진통일 의지를 강력히 내보였다. 한미상호방위조약을 체결해 주면이승만이 북진통일을 포기할 것이라고 예상했던 미국으로서는 난감한 상황이되었다. 이승만이 무력통일을 추구할 경우 미국은 새로운 전쟁에 개입해야 할위험성이 있기 때문에 이승만의 북진통일 의지를 자제시키고 평화통일을 지지하게 하려는 노력을 했다.

이승만은 한국전쟁 발발 직후 한국군의 작전지휘권을 맥아더에게 이양했으며, 미국은 한국전쟁 휴전 이후에도 이승만의 무력 북진을 막기 위해서 한국군작전권을 유엔사령부에 존속시키려는 시도를 했다. 이를 위해서 한미정상회담도 개최하고, 미국은 대규모의 경제 및 군사원조안을 제시했으며, 한국군의 증강을 약속했다. 그리고 수 개월 동안의 협상을 거쳐서 1954년 11월 17일 한미합의의사록을 체결했다. 한국군이 단독으로 군사행동을 하지 못하도록 한국군의 작전지휘권을 유엔사령부에 계속 존속시키는 내용을 문서에 의한 합의로 받아 낸 것이 한미합의의사록의 목적이었다. 한반도의 통일은 유엔을 통하여 하기로 합의하였고, 미국은 한국에게 1955년 회계연도에 4억 2,000만 달러의 군사원조와 2억 8,000만 달러의 경제원조를 제공하고, 10개 예비사단의 추가 신설, 79척의 군함과 약 100대의 제트전투기를 제공하는 조건으로, 한국은 "유엔사령부가 대한민국의 방위를 위한 책임을 부담하는 동안 대한민국 군대를 유엔사령부의 작전지휘권 하에 둔다"는 것에 동의한다는 내용이 합의의사록에 포함되었다. 같은 날 그동안 지연되어 왔던 한미상호방위조약의 비준서도 상호교환됨으로써 비로소 조약의 법적 효력이 발생하게 되었다. 합의의사록에 의해서 한국은 육군 66만 1,000명, 해군 1만 5,000명, 해병대 2만 7,500명, 공군 1만 6,500명으로 구성되는 총 72만 명의 군대를 유지할 수 있게 되었다.

정전협정 전후
한미상호방위조약 체결협상

Ⅰ. 서론

이 연구는 한국전쟁이 거의 끝나가는 시기에 발생한 연합군 내부, 특히 한국과 미국의 관계, 그리고 이에 따른 동맹의 결성에 관한 연구이다. 한국전쟁은 한반도 전체를 공산화하기 위한 공산진영의 침략으로 시작되었으며, 이에 대해 미국이 주체가 된 다국적 유엔군이 참여하여 공산주의 침략군을 물리치고 서방진영이 통일을 모색한, 다시 말해서 공산 측과 서방 측이 무력으로 한반도의 통일을 시도한 전쟁이었다. 어느 일방의 군사적 승리가 아닌, 전쟁 이전의 상태를 회복한 상황에서 휴전이 이루어지면서, 피침 당사국인 한국의 이승만 대통령은 휴전 이후의 새로운 안보위협을 우려하며 휴전협상에 격렬하게 반대하고 나섰다. 심지어 휴전이 이루어지면, 한국군을 유엔사령부로부터 철수하여 단독으로 북진을 하겠다는 엄포도 놓았다.

이승만 대통령의 강력한 휴전반대에 직면하여 미국은 몹시 당황하였다. 만약 이승만이 한국군으로 하여금 단독 북진을 하게 한다면, 전쟁을 정치협상에 의해서 끝내려던 미국의 목표가 무산되고 새로운 전쟁에 개입해야 하는 상황이 벌어질 가능성이 생긴 것이다. 이승만에 대한 설득에 실패한 미국은 이승만을 제거해서라도 휴전을 성립시키려는 정책을 입안했다. 휴전을 위해서 한국정치에 개입하여 목적을 달성하려는 극단적인 방식을 모색한 것이다. 그러나 미국은 이승만을 제거하여 휴전을 성립하더라도, 그 이후 한국의 정치상황에 대해서 우려했다. 과연 이승만 이상의 반공주의자를, 미국에서 공부하고 활동하면서 미국의 이념을 이해하고 동화된 이승만보다 나은 인물을 한국의 지도자로 옹립할 수 있을 것인가?

휴전협상이라는 한시적인 문제에 대해서 이승만은 도전을 하고 있었지만, 그러한 그의 주장 내면에는 철저한 반공주의가 내재되어 있었기 때문에, 장기적인 차원에서는 이승만을 설득하여 휴전을 성립하는 것이 낫다는 판단을 한 것이다. 미국은 이승만을 설득하기 위한 당근으로 이승만이 요구하는 동맹조약을 생각하게 되었다. 이승만이 가장 우려하는 휴전 이후의 한국 안보를 미국이 책임져 주는 동맹조약을 체결하기로 결정했다.

이러한 점에서 한미상호방위조약은 동맹을 맺은 국가들이 모여서 공동위협과 공동적(敵)을 규정하고 그에 대한 안보적 협력을 위하여 체결하는 동맹조약과는 다른 방식으로 태동한 것이다. 동맹을 체결하는 과정에서 한국과 미국의 지도자들이 만나서 전후 공동의 안보태세에 대한 논의를 한 적이 한 번도 없다. 물론 동맹을 체결하기로 결정을 한 미국은 내부적으로 전쟁 이후 미국의 동북아에 대한 전략적 차원에서 한반도의 전체 공산화를 막기 위한 미국의 노력이 있어야 한다는 점을 인식했을 수도 있다. 다시 말해서, 이승만의 휴전반대를 회유하기 위해서 동맹조약을 체결하지 않았더라도, 전후 대동북아 또는 대한반도 전략의 차원에서 한국과의 동맹조약을 체결했을 가능성도 있는 것이었다.

동맹을 형성하기로 결정하는 과정에서 동맹의 성격 및 내용에 대해서 별 다른 논의가 없었기 때문에, 동맹조약을 체결하는 과정에서 중요한 이슈에 대해서 한국과 미국의 논쟁이 있었다. 한국은 조약을 체결한 한 당사국이 외부로부터 공격을 받을 경우 다른 당사국은 자동적으로 개입을 하는 자동개입 조항의 삽입을 원했으나, 미국은 자동개입이 아니라 헌법적 절차에 의한 개입을 선호했다. 멀리 떨어진 한반도의 새로운 전쟁에 무작정 개입되는 것에 대해서 부담을 느꼈으며, 의회에서 수월한 비준을 받기 위해서는 이러한 조항의 삽입을 원했던 것이다.

조약 체결 이후 북진 무력통일을 추구하는 이승만을 자제시키기 위해서, 미국은 한국에 대한 경제 및 군사원조의 제공, 그리고 한국 군사력의 확대를 제시했다. 이를 조건으로 이승만이 평화적인 또는 유엔을 통한 한반도의 통일을 추구한다는 확답을 받기 위해서 노력했고, 이 결과 1954년 11월 17일 한미합의의사록이 체결되었다. 이와 동시에 한미상호방위조약의 비준서가 교환되어 발효되었다.

휴전협상이 시작된 이후 노정된 한국과 미국의 갈등에서 누가 승자이고, 누가 더 많은 것을 획득했는지는 불분명하고 중요하지 않다. 이 연구에서 소개되는 당시의 협상과정을 보면, 갈등은 있었지만 이념적인 차이 때문에 발생하는 것이라기보다는 미래에 대한 안보적 시각의 차이에 의한 것이었기 때문에, 휴전체제가 안정되면서 한국과 미국은 굳건한 동맹관계를 유지할 수 있었다는 점을 부인하기 어렵다.

Ⅱ. 정전협상의 전개와 한미동맹 체결의 동기

1. 정전협상의 배경과 과정

1950년 6월 25일 내전으로 시작된 한국전쟁은 미국을 중심으로 한 유엔군이 참여함으로써 국제전으로 발전하였고, 1950년 10월 중국군이 개입함에 따라 새로운 양상의 국제전으로 전개되었다. 1951년 봄 전선은 전쟁 이전의 경계선인 북위 38도선 부근에서 교착상태에 빠지게 되었고, 교전 당사국들은 군사적 승리로 전쟁을 끝내기 어렵다는 판단을 하게 되어 정전을 모색하게 되었다.

전쟁이 시작된 지 1년 후인 1951년 7월부터 소련의 중재에 의해서 정전협상이 시작되었으나, 정전협정을 체결하기 위한 여러 쟁점들에 대한 시각차이가 커서 협상이 제대로 진전되기가 어려웠다. 협상과정에서 여러 가지 이슈들이 등장했는데, 우선적으로 가장 중요하게 등장한 이슈는 휴전선을 어디로 하는가에 대한 문제였다. 공산 측은 전쟁 이전의 분단선인 북위 38도선을 휴전선으로 하자는 제안을 했다. 그러나 유엔 측이 휴전협정을 체결하는 날의 전선을 휴전선으로 하자는 주장을 했으며, 결국 유엔 측의 제안으로 결정이 되었다. 이 결정에 따라 휴전이 이루어질 때까지 영토를 조금이라도 더 확장을 하려고 휴전협상을 하면서도 치열한 전투가 계속되었다.

휴전협상은 처음의 예상과 달리 2년이나 지속되었다. 이와 같이 지연된 가장 큰 이유는 전쟁포로 교환문제였다. 휴전회담이 시작할 당시 유엔군은 약 15만 명의 공산군포로를 보유하고 있었다. 1950년 9월 15일 인천상륙작전 성공 이후 인천과 원산을 잇는 선 이남에 있던 북한군들 대부분이 포로로 잡혔다. 그 포로들 중에는 북한이 남한을 점령했을 당시 북한군이 남쪽 지역의 주민들을 징집하였기 때문에, 원래 공산주의자들이 아닌 포로들이 거의 절반을 차지하고 있었고, 이들은 연고가 없는 북한지역에 송환되는 것을 거부했다.

1949년의 제네바협정은 전쟁이 끝나면 모든 포로들을 송환하여야 한다고 규정되어 있었으나, 미국정부는 인도적인 차원에서 북한으로의 송환을 거부하는 포로들을 북한에 보낼 수 없다는 입장을 밝혔다. 공산 측은 제네바협정에서 규정하고 있는 바와 같이 양측이 보유하고 있던 포로 전체를 교환해야 한다고 주장했다. 이때부터 공산 측이 요구한 포로의 전체 송환과 유엔 측의 자발적 송환의 대립이 지속되어 정전협상의 진전을 가로막았다. 이 문제로 1951년 7월에 시작된 정전협상이 1953년까지 이어졌고, 타결의 가능성이 별로 보이지 않았다.

이와 같이 양측의 견해 차이를 좁힐 수 없던 협상은 1953년 3월 소련의 스탈린이 사망한 이후 해결의 조짐이 보이기 시작했다. 소련의 새로운 지도층은 소련에게 부담되는 국제문제를 우선적으로 해결하는 정책을 추진했고, 거기에 한국전쟁도 포함되었다. 이에 따라 정전협상이 급진전을 이루었고, 일단 부상자 포로교환이 이루어졌다. 정전협상의 진전이 이루어지자, 그동안 정전협상 추진에 불만을 가지고 있던 한국 이승만 대통령의 반대가 거세졌다. 그는 정전협상을 극렬하게 반대하면서, 이 협상에 한국대표를 파견하지 않았으며, 심지어는 정전협상을 방해하는 모습을 보이기도 했다.[1]

2. 한국의 입장과 전략 : 이승만의 정전협상 반대

협상에 의해서 전쟁을 끝내려는 소식이 알려지자 이승만 대통령은 정전을 반대하는 성명을 발표하는 동시에 학생과 시민들을 동원하여 휴전반대 플래카드를 들고 대대적인 시가행진을 벌이도록 하였다. 1951년 6월 27일 이 대통령은 "한국에 대한 공산침략이 또다시 일어나지 않으리라는 확실한 보장"이 주어져야 한다면서 섣부른 정전 모색에 대해서 반대 입장을 보였다. 그는 정전 이후 유엔군이 철수하여 한국이 '무방비 상태'에 놓이게 되는 데 대해서 우려를 표명했다. 1951년 9월 미국이 호주 및 뉴질랜드와 함께 앤저스(ANZUS: 호주-뉴질랜드-미국) 동맹조약을 체결하자, 이승만은 미국이 이와 유사한 동맹조약을 한국과도 체결을 해야 한다는 입장을 보였다.[2]

이 대통령은 공식적으로 대한민국의 최종목표는 한반도의 통일이며, 정전은 한국인들에게 '모욕과 절망'만을 안겨준다고 선언하였다. 이승만은 정전 후 미국이 한국을 전략적 이익지역에서 제외하고, 한국을 포기할지 모른다는 우려를 하였다. 정전회담이 시작된 1951년 6월 30일 이승만은 휴전을 수용하는

1 한국전쟁 휴전협상에 대해서는 김계동, 『한국전쟁: 불가피한 선택이었나』 (서울: 명인문화사, 2014), "제7부 휴전협상과정: 머나 먼 평화의 길." 참조.
2 군사편찬연구소, 『한미동맹 60년사』 (서울: 국방부 군사편찬연구소, 2013), pp. 58-59.

데 필요한 5개의 조건을 제시하였다. 그 조건들은 북한군의 무장해제, 중국군의 철수, 군사적·경제적으로 제3국이 북한을 지원하지 않는다는 유엔의 보장, 한국문제를 다루는 모든 국제회의에 한국의 참여, 그리고 대한민국의 주권과 영토적 결속 등이었다. 이승만은 이 조건들이 충족되지 않으면 정전을 반대하고, 단독으로라도 전쟁을 계속하겠다고 선언하였다.[3]

이승만이 정전을 반대한 이면에는 정전 이후 한국의 안보에 대한 우려가 내재되어 있었다. 미국의 트루먼(Harry S. Truman) 대통령에게 보내는 서한에서 이승만은 미국이 정전에 대한 자신의 협조를 받기 위해서는, 미국이 한국과 '상호안보협정(mutual security pact)'을 체결하고, 단독으로 국가를 지킬 수 있는 수준으로 한국군대를 강화시켜 줘야 한다고 요구하였다.[4] 정전을 하려면 전후 한국의 안전을 보장하라는 요구였다.

포로문제 때문에 정전협상이 교착상태에 놓여 있을 당시에는 비교적 조용하던 이승만은 1953년 3월 스탈린의 사망 이후 정전회담이 급진전되면서 정전반대의 태도를 강화했다. 심지어 이승만은 정전이 이루어지면, 한국군대를 유엔군에서 철수시켜서 단독으로 북진하겠다는 강경한 태도를 보였다. 1953년 4월 9일 아이젠하워(Dwight Eisenhower)에게 보내는 서한에서 이승만은 만약 중국군이 한반도에 주둔한 상태로 휴전이 이루어진다면, 한국정부는 한국군과 같이 압록강까지 진격을 하지 않는 모든 동맹국 군대에게 한국으로부터 철수하도록 요구할 것이라고 천명하였다. 만약 미국이 한반도에 남아 있으려면, 통

---

3 『동아일보』, 1951년 7월 2일.
4 *Rhee to Truman*, 21 March 1952, FRUS(Foreign Relations of the United States) 1952-1954, 15: 1:114-116.

정전협정 전후 한미상호방위조약 체결협상

일을 위하여 압록강까지 진격하는 한국의 노력을 지원해야 한다고 강조하였다. 그렇지 않으면 미군은 철수해야 한다고 선언하였다.[5]

주한미국대사관은 한국의 상황에 대해서 이중적인 현상이 나타나고 있다는 보고를 했다. 한국의 대부분 지식인들은 미소공동위원회의 실패를 거울 삼아서 한반도에서 평화적인 수단으로 통일을 이루려는 어떠한 시도도 실패할 것이라고 믿고 있으며, 불안정한 정전협상은 일시적인 것이며, 결국은 무력충돌과 공산주의자들의 새로운 공격이 과거의 방식대로 일어나서, 궁극적으로 통일문제는 틀림없이 무력에 의해 해결되어야만 할 것이라고 느끼고 있다는 보고를 했다. 다른 한편, 모든 한국인들은 평화를 갈망하고 있으며, 평화 없이는 국가재건과 안정을 결코 달성할 수 없다고 인식한다고 덧붙였다. 이러한 이유로 정부의 압력만 없으면, 남한의 실업계와 지식인 중간 계급의 대다수는 아마도 정전협상을 환영할 것이며, 단지 무시할 만한 소수만이 정전협상에 적극적으로 반대할 것이라고 예상했다. 한국정부의 휴전반대 유세가 부산, 서울과 지방 도시들에서 열광적인 반응을 얻지 못하고 있는데, 그 이유는 농민, 노동자와 피난민 대중이 즉각적인 생존 문제에 빠져서 유별나게 소란스러운 집단들보다 통일과 안보의 추상적 관념에 훨씬 덜 관심을 가지고 있기 때문이라고 보고했다.[6]

그러나 한국의 정치권은 이승만의 압력과 설득으로 휴전에 대한 적극 반대의 태도를 보였다. 한국 국회는 4월 21일 '통일없는 평화반대'라는 결의를 하

---

5   *Rhee to Eisenhower*, 9 April 1953, FRUS 1952-1954, 15:1:902-903.
6   "주한미국대사관, 정전협상에 대한 한국 언론의 반응에 대해 보고(1953.4.10)," 『자료대한민국사 제29권』, 국사편찬위원회.

며 이승만 대통령의 정전반대 입장을 지지했다. 이 대통령은 각군 참모장과 육·해·공군 고위급 장교 18명을 소집하여 유엔이 통일없이 평화를 모색한다면, 한국군은 유엔군으로부터 탈퇴하여 단독으로 전쟁을 수행하겠다는 결의를 하도록 했다.[7]

정전협정이 체결될 경우 이승만이 진정으로 단독북진을 할 것인지, 아니면 단순히 미국의 안보공약과 지원을 받아내기 위한 제스처였는지 불확실하지만, 이승만은 단독북진하겠다는 의사를 공공연하게 보이기 시작했다. 이승만은 정전 이후 공산군의 재침략을 방지하기 위해서 한반도에 있는 모든 공산주의자들의 소탕을 원한다는 점을 강조했다. 4월 29일의 기자회견에서 이승만은 중국군이 한반도에서 완전히 철수하고 한반도의 통일이 이루어지기 전까지 한반도의 평화는 불가능하다는 점을 강조하면서, 통일이 이루어질 때까지 유엔군이 한반도에서 싸워달라는 요구를 했다. 한국인들은 필요하다면 스스로의 힘으로 통일을 이루겠다는 결의는 변함이 없다고 주장했다.[8]

정전회담의 진전이 이루어지면서, 이승만의 태도는 더욱 경직되었다. 그는 한국군은 혼자서 전쟁을 치를 만큼 강해졌으므로 외국군대가 더 이상 한국을 위하여 싸워달라고 요구하지 않을 것이라고 선언하였다. 또한 클라크(Mark Wayne Clark) 유엔군 사령관에게 서한을 보내 중국군을 철수시킬 다른 방도가 없을 경우 중국군과 유엔군의 동시철수에도 이의가 없다고 하면서, 다만 미군 철수의 경우 이행되어야 할 다음의 선제조건들을 제시하였다. 첫째, 한미상호

---

7 군사편찬연구소, 『한미동맹 60년사』 (서울: 국방부 군사편찬연구소, 2013), pp. 59-60.

8 *Briggs to Secretary of State*, No.1280, 30 April 1953, DS Records, 795.00/4-3053, Box4285, RG59, National Archive.

방위조약 체결, 둘째, 한국국경 외부에 완충지대 설치, 셋째, 외국군의 한국에 대한 불가침 확약, 넷째, 소련의 공격이 있을시 미국의 즉각적인 개입보장, 다섯째, 미래의 한국전쟁에 일본군을 사용하지 말 것, 여섯째, 한국에서의 해상봉쇄와 방공 계속, 일곱째, 한국군의 증강 등이었다.[9]

이승만은 반공포로에 대해서도 강경한 자세를 보였다. 북한으로의 송환을 거부하는 포로들을 관리하기 위해서 중립국 감시단을 구성한다는 소식을 접한 이승만은 공산포로를 관리할 외국군대를 한반도에 한 발자국도 들여놓지 못하게 할 것이고, 반공포로 중 한 명도 중립국가에 보낼 수 없다고 주장했다. 1953년 5월 12일 클라크와 만난 이승만은 한국군대가 유엔사령부의 개입 없이 포로를 석방하는 것이 바람직하다는 의견까지 개진했다.[10]

유엔 측과 공산 측의 협상이 거의 타결되어 가자 이승만은 정전안에 한국의 의견이 포함되지 않은 데 대해서 불만을 표시했다. 격분한 이승만은 '중국군과 유엔군의 동시철수'를 골자로 하는 한국의 단독 정전안을 제출하겠다고 선언하였다. 또한 그는 비송환포로를 곧 석방할 것이기 때문에 포로송환 문제는 그다지 중요한 이슈가 되지 않을 것이라고 단언하였다. 그는 미국이 1947년 이후 남한에 대한 군사원조를 약속해 왔지만 별로 효과 있게 실행된 것이 아무것도 없다고 비판하면서, 자신은 한국군이 단독으로 전쟁을 계속하겠다는 의사를 공식적으로 발표하겠다고 위협하였다. 이어서 이승만은 다음과 같은 경

---

9 *Rhee to CINCUNC*, 30 April 1953, FRUS 1952-1954, 15:1:955-956; 『동아일보』, 1953년 5월 1일.

10 *CINCUNC to Joint Chiefs of Staff*, HNC1678 & C62369, 12 May 1953, FRUS 1952-1954, 15:1:1007-1010; Mark Clark, *From the Danube to the Yalu* (New York: Harper and Brothers, 1954), pp. 262-265.

고와 충고를 덧붙였다. "지금이 가장 적당한 시기이다. 우회하거나 약해지지 말자. 민주주의는 지금 뒷걸음질치고 있다. 미국은 언젠가 홀로 싸우게 될 것이다. 그날이 올 때까지 기다리지 말라." 자유세계는 "공산주의자의 손에 놀아남으로써 한국문제 해결에 실패하였다"라고 하면서, 이승만은 "미안하지만 지금과 같은 상황에서는 아이젠하워 대통령에게 나의 협조를 확언해 줄 수가 없다"고 결론지었다.[11] 이승만은 공산주의자들과 협상을 하는 미국에 대해서 불만을 갖고 있었다.

한국의 대통령과 정부가 휴전반대의 입장과 태도를 보이면서, 한국민들도 휴전에 반대한다는 의사를 표시하기 위해서 총궐기를 했다. 1953년 4월 20일부터 5월 12일까지 전국에서 발생한 휴전반대 궐기대회와 민중대회는 7,500회가 넘었고, 참여한 총인원은 800만 명이 넘었다.[12]

변영태 외무장관은 한국정부가 정전협상 조건에 대해서 아무런 견해를 제시할 수 없는 데 대해서도 불만을 표시했다. 변영태는 '이상주의적'인 미국이 한국에 대해서 '마키아벨리적'인 태도를 보여, 1905~1910년 한국을 일본에 팔아넘겼다고 비판했으며, 미국은 이승만을 '선동가(agitator)'로 생각하고 있지만, 그는 한국 국민들의 의사를 대변하고 있는 것이라고 강조했다. 이승만, 변영태와 만난 후 브릭스(Ellis O. Briggs) 주한미국대사는 한국정부가 중국군과 유엔군의 동시철수를 제의할 것이고, 비송환포로에 대하여 단독행동을 취할 우

11 "이승만과 클라크 회담(1953.5.26.),"『이승만관계 서한자료집4』, 국사편찬위원회; *Briggs to Dulles*, Nos.250539Z & 251230Z, 25 May 1953, DS Records, 795.00/5-2553, Box4286, RG59, National Archive; *Briggs to State Department*, No.252255Z, 26 May 1953, DS Records, 795.00/5-2653, Box4286, RG59, National Archive.

12 군사편찬연구소,『한미동맹 60년사』(서울: 국방부 군사편찬연구소, 2013), p. 55.

려가 있다고 보고했다. 클라크는 이승만이 극적인 행동을 취하여 유엔사령부나 미국을 당황시킬지도 모른다고 우려했다.[13]

1953년 6월 8일 판문점에서 포로송환에 대한 합의가 이루어지자 이승만의 태도는 더욱 경직되었다. 이 대통령은 미국을 방문하고 있는 백선엽 참모총장의 귀국을 명령하는 한편, 유학을 떠나려던 장성들의 향미를 중지시켰으며, 전국 경찰에 비상경계를 지시하는 동시에, 한국요구가 반영되지 않을 때에 취할 정부태도에 전 국민이 적극 지지하여 국난 극복에 국민 총단결을 하자는 내용의 특별담화를 발표했다.[14]

6월 17일 아이젠하워 대통령에게 보내는 서한에서 이승만은 정전 이전에 한국과 미국이 상호방위조약을 체결해야 한다는 요구를 강하게 했다. 그는 "침략자 중공군의 계속 주둔을 허용하는 휴전협정이 체결된다면, 우리는 생존할 수 없다. 이러한 우리를 평가절하하지 말라"고 하면서, "휴전협정을 받아들이는 것은 사형집행영장(dead warrant)을 받아들이는 것"이라고 비판했다.[15]

3. 미국의 대응정책 : 이승만의 제거 또는 동맹조약 체결

이승만의 정전반대에 대해서 미국은 처음에는 별로 심각하지 않게 여기고,

---

13 *Briggs to Dulles*, No.1369, 28 May 1953, DS Records, 795.00/8-2853, Box4286, RG59, National Archive.

14 『경향신문』, 1953년 6월 8일.

15 군사편찬연구소, 『한미동맹 60년사』 (서울: 국방부 군사편찬연구소, 2013), p. 60.

미국의 압력과 설득으로 해결할 수 있을 것으로 생각했다. 미 행정부는 만약 한국정부가 유엔정책에 협조하지 않는다면 미국은 한국에 대한 향후 지원을 다시 고려할 것이라는 등 외교적 압력을 계속 가하였다. 이승만의 정전반대 선동을 중단시키기 위하여 트루먼 대통령은 1952년 3월 4일 이승만에게 메시지를 보냈는데, 그 내용은 미국의 한국에 대한 미래 지원은 한국정부가 보여주는 책임감, 한국의 결속을 유지시킬 수 있는 능력과 민주주의 이상에의 집념에 달려 있다는 점을 강조하였다.[16]

많은 미국인들은 이승만이 정전반대와 단독북진을 되풀이하여 강조하는 것은 미국과의 안보조약을 얻어내기 위한 제스처라고 생각하고 있었다. 실질적으로 한국정부는 정전회담 반대성명을 발표할 때마다 방위조약을 언급하여 정전회담 반대가 이 조약을 얻어내기 위한 책략이라는 인상까지 주고 있었다. 한국정부가 한미상호방위조약을 제의한 주된 동기는 한국전쟁의 재발을 우려하면서, 공산군의 재침이 있을 경우 미국이 다시 태평양을 건너와서 도와주는 것을 보장받기 위함이었다.

그러나 클라크 주한미군 사령관은 미래 한반도 유사시 미국이 다시 개입하여 지켜주겠다는 공약을 하거나 협정을 체결하는 데 대해서 반대의사를 보였는데, 그 이유는 미국이 한국과 안보협정을 체결하는 것은 세계전쟁 발발 시 미군 배치 및 전략에 관한 계획인 '긴급전쟁합동작전계획(JOEWP: Joint Operation Emergency War Plan)'에 나타나 있는 주한 미사령관의 임무에 배치되기 때문이었다. 그러나 당시 군 일부에서는 정전을 이루기 위해서 이승만에 대해 유화정

16 *Truman to Rhee*, 4 March 1952, FRUS 1952-1954, 15:1:74-76.

책을 취해야 한다고 권고하였다. 그 대표적 인물은 주한미군 병참사령관인 허렌(Thomas Herren)이었는데, 그는 이승만의 경솔한 행동을 막기 위하여 미국은 이승만이 요구하는 상호방위조약을 체결해 주고, 정전 이후 경제 및 군사원조를 제공해야 한다는 의견을 개진하였다. 그러나 국무부는 한국과 방위협정을 체결하면 한국에서 이루어지고 있는 군사활동의 유엔 성격을 유지하기 어려울 것이라는 점에서 한국과의 안보 관련 협정체결을 반대하였다.[17]

한국정부의 정전반대 목소리가 더 커지기 시작하자 미국인들은 향후 대책에 대해서 신중한 평가를 하기 시작했다. 특히 1953년 4월 22일 유엔이 중국군을 압록강 남쪽에 주둔하게 허용하는 협정을 맺을 경우, 이 대통령은 한국군을 유엔지휘권에서 철수시켜 단독으로 전쟁을 계속하겠다고 공식적으로 선언한 이후 미국인들의 다양한 시각이 제시되었다. 클라크 장군은 한국정부가 한국군을 유엔사령부 지휘권에서 철수할 우려가 있다고 경고하였으며, 주한미대사 브릭스는 본국 정부에 이승만이 반공포로를 석방할지도 모른다고 경고하였다. 브릭스는 본국 정부에 빠른 시일 내에 상호방위협정을 고려해 주기를 권고하였다. 이승만이 한국국민들을 선동하여 돌이킬 수 없는 선까지 가기 전에 미국이 그를 설득해야 한다는 것이 그의 기본 신조였다.[18]

---

17   *CINCFE to Joint Chiefs of Staff*, CX61976, 18 April 1953, JCS Records, CCX383.21 Korea(3-19-45), Sec.127, Box43, RG218, National Archive; *Johnson to Dulles*, 8 April 1953, DS Records, 795.00/4-853, Box4285, RG59, National Archive; John Kotch, "The Origins of the American Security Commitment to Korea," in Bruce Cumings, ed., *Child of Conflict: The Korean-American Relationship, 1943-1953* (Seattle: University of Washington Press, 1983), p. 242.

18   *Briggs to State Department*, No.1093, 2 March 1953, FRUS 1952-1954, 15:1:803-804; *CINCFE to Army Department*, C61736, 4 April 1953, Matthews files, lot 53 D413, National

한국군을 유엔사령부 지휘에서 철수하여 단독으로 북진하겠다는 이승만의 위협에 대해 클라크 유엔군 사령관은 심각하게 받아들였다. 만약 한국군이 공산군을 단독으로 공격한다면, 미국은 공산군뿐만 아니라 잠시 동안 한국군에 대하여 방어태세를 취하여야 할지 모른다고 우려하였다. 이러한 최악의 상황을 피하기 위하여 클라크는 이승만을 '보호감금'시킨 뒤 임시정부를 세우는 '비상수단'을 취할 것을 본국 정부에 제안하였다. 이와 같은 제의를 한 다음 클라크는 이승만을 방문하여 그의 진실된 의중을 살폈다. 이승만과의 면담 후 클라크는 약간의 안도감을 가지게 되었다. 이승만은 정전조항에 '외국군 철수'를 삽입할 것과 상호방위조약 아니면 미 대통령의 한국방위를 위한 성명을 요구하는 등 비교적 '침착하고 이성적'인 태도를 보였던 것이다. 회담 후 클라크는 이승만이 '허세(bluffing)'를 부리고 있으며, 단독행동은 유엔사령부와 협의 후 '최후수단'으로서 취할 것이라는 결론을 내렸다.[19] 그러나 미국인들은 대체로 이승만의 단독행위 가능성에 대해서 신경을 곤두세우고 있었다.

1) 미국의 이승만 제거계획

한국전쟁에서 손을 떼려는 미국의 입장에서 이 대통령의 요구는 대체로 받아들이기가 어려운 것들이었다. 이승만의 요구를 받아들일 경우 미국은 '위험

Archive; *Briggs to State Department*, No. 1257, 23 April 1953, FRUS 1952-1954, 15:1:931-932.

19 *CINCFE to Joint Chiefs of Staff*, CX61976, 18 April 1953, JCS Records, CCX383.21 Korea(3-19-45), Sec.127, Box43, RG218, National Archive; *CINCUNC to CSUSA*, C62098 & C62143, 26 & 28 April 1953; FRUS 1952-1954, 15:1:940-943 & 947-950; "이승만과 클라크 회담 내용(1953.4.27)," 『이승만관계 서한자료집4』, 국사편찬위원회; Mark W. Clark, *From the Danube to the Yalu* (New York: Harper and Brothers, 1954), pp. 261-262.

한 책략(dangerous gambit)'에 걸려드는 결과가 될 것이라는 우려를 했다. 브릭스 대사는 만약 중국군이 압록강 건너로 철수한다면 한국군은 즉시 북한으로 진격할 것이고, 이후 중국군이나 소련군이 다시 개입할 경우 이승만은 미국이 다시 개입하여 한국을 구해주기를 기대할 것이라고 주장하였다.[20]

이승만의 태도가 너무 완강했으므로, 미 정부는 이승만을 설득하기 어려울 것으로 판단하고 그를 제거하는 계획을 수립했다. 1953년 5월 이후 미 국무부와 군부는 이승만을 제거하고 좀 더 다루기 쉬운 정부를 세우는 것을 심각하게 생각하기 시작하였다. 클라크는 이와 관련하여 유엔사령부에 의하여 주도되는 쿠데타작전, 즉 에버레디작전(Operation Everready)을 완성하였다. 한국군이 유엔사령부의 명령에 불복종하고 단독행동을 할 경우 추진할 에버레디작전에 의한 임무는 다음과 같았다.

① 불복종하고 반항적인 한국의 지도자들을 제거하고 미군에 충성하는 지휘관들로 대체할 것

② 이반(離反, disaffected)한 한국군대에 대한 연료와 탄약 공급을 중지하고, 한국 보급채널을 통하여 보급하는 무기와 탄약을 미국 시설로 이동시킬 것

③ 포와 공군지원을 철수할 것

④ 이반한 한국군 부대, 사령부 및 한국정부 사이의 교신망을 두절시킬 것

⑤ 민간과 군대의 교신망을 장악할 것

⑥ 명령불복종 집단의 수중에 있는 모든 공급물자를 장악하여 미군시설로 이동·보관

---

20 *Briggs to Dulles*, Nos.1280 & 1282, 30 April 1953, DS Records, 795.00/4-3053, Box4285, RG59, National Archive.

시킬 것

⑦ 유엔사령부 이름으로 계엄령을 선포할 것

⑧ 군부 또는 민간 지도자 중 명령에 불복종하는 자들을 감금할 것

⑨ 유엔사령부에 의한 군사정부 수립을 선포할 것[21]

에버레디작전을 수립했지만, 이 작전을 실행해야 하는가에 대해서는 미국 내에서 의견이 엇갈렸다. 대체로 미 군부는 에버레디작전 수행을 지지하였으나, 국무부는 주저하는 태도를 보였다. 콜린즈(J. Lawton Colins) 참모총장에 따르면, 미국을 공식방문 중이던 한국의 백선엽 참모총장은 이승만이 한국군을 유엔사령부로부터 철수시키도록 명령을 내릴 경우, 자신은 미국의 정책을 지지하겠다는 묵시적인 찬동의 태도를 보였다고 하였다. 따라서 콜린즈는 한국 내에 이승만을 대체할 수 있는 세력이 있기 때문에 에버레디작전을 실행해야 한다고 강조하였다.

미 국무부는 에버레디작전의 실행에 반대했다. 국방부와 국무부의 합동회의에서 로버트슨(Walter S. Robertson) 국무부 차관보는 "무슨 권한으로 우리가 한국정부를 장악하느냐? 우리가 우리 자신을 침략자의 위치로 전락시키는 것이 아니냐?"는 질문을 제기했다. 국무부는 에버레디작전 대신에 방위조약을 체결해 주는 것이 바람직하다는 의견을 제시하였다. 국무부의 반대에 직면하여, 콜린즈 참모총장은 문제의 기본핵심으로 돌아가 세 개의 선택안을 제시하였다. 첫째는 이승만에게 상호방위조약을 맺어주는 것이고, 둘째는 이승만

---

21 *Taylor (CG, Eighth Army) paper*, 4 May 1953, FRUS 1952-1954, 15:1:965-968.

을 비롯한 한국정부의 강경파를 감금하는 것이고, 셋째는 유엔군이 철수할 때까지 이승만에게 협조하도록 협정을 맺는 것이었다. 결론적으로 그는 이승만을 안보조약으로 무마시키는 것보다는 그를 '보호감금'하는 것이 낫다고 주장하였다. 결국은 뚜렷한 결론을 내리지 못한 채, 국방부와 국무부의 참석자들은 콜린즈가 제시한 세 개의 선택안과 함께, 클라크 유엔군 사령관에게 보낼 에버레디작전 수행 명령서 초안을 아이젠하워 대통령에게 제출하였다. 아이젠하워는 확실한 결론은 유보한 채, 다음날 재개될 예정인 국방부-국무부 회의를 기다렸다.[22]

5월 30일의 합동회의 결과 미국은 에버레디작전을 수행하지 않고, 한국과 동맹조약을 체결하는 결정을 했다. 미국은 이승만이 정전을 하려는 미국의 정책에 대해 도전하는 것을 용납하지 못하고 그를 제거하려는 계획을 수립했지만, 결국 장기적인 측면에서 이승만의 철저한 반공의식이 미국의 이익에 부합된다는 측면에서 이승만의 요구를 들어주기로 결정한 것이다. 이승만은 단기적으로 미국의 이익에 도전을 하지만, 장기적으로 이승만의 반공의식은 미국의 이익에 부합되는 것이었다.

2) 미국의 한미상호방위조약 체결 결정

일부 미국인들은 이승만에게 동맹조약을 체결해 주지 않으면 정전에 대한 이승만의 협조를 받아내기 어려울 것이라고 판단했다. 이승만과 접촉을 한 클라크는 이승만이 단순히 상호방위조약과 경제원조를 획득하기 위하여, 또한 휴전회담에 자신의 영향력이 있다는 것을 국민이 느낄 수 있게 하기 위하여 흥정을 하고 있다고 보고하였다. 한국에 주재하던 일부 미국인들은 이승만이 요구하는 것들, 특히 안보협정은 한국의 입장에서는 미래 안보를 위하여 이해할 만하고 합리적이라고 생각하고 있었다. 브릭스 대사, 그리고 클라크의 정치자문관이었던 머피(Robert D. Murphy)는 이승만이 안보조약, 경제원조, 휴전협상에서 보다 강력한 목소리를 원하고 있다고 하면서, 미국에게 있어서 정전은 반드시 필요한 것이지만, 한국과 안보조약을 체결하지 않고는 한국인들의 반대를 무마시킬 수 없으므로 이 조약을 체결해 줘야 한다고 강조하였다.[23]

그러나 미국 내에 한국과 상호방위조약을 맺는 데 대해서 유보적인 태도를 보이는 사람들도 상당수 있었다. 상호방위조약을 체결해 주는 것은 이승만에 대한 미국의 협상카드를 잃게 되는 것이고, 이승만이 이 조약에 충분히 만족하여 휴전협정에 전폭적으로 동의할지에 대한 의문도 제기되었다. 브릭스 대사와 클라크 사령관은 미국이 한국과 상호안보조약을 체결하는 것은 바람직하지만, 이를 이승만에 대한 협상카드로 활용해야 한다고 생각했다. 미국이 언젠가 안보협정을 체결할 것이라는 가능성을 보이면 이승만이 협조할 것이라는 기대를 했다.[24]

미국 지도층의 여론은 상호조약 체결의 방향으로 흐르고 있었지만, 이승만에게 섣부르게 동맹체결 제안을 할 의사는 갖고 있지 않았다. 이승만에게 보

22 *State Department-Joint Chiefs of Staff Meeting*, 29 May 1953, FRUS 1952-1954, 15:1:1114-1119.

23 *CINCUNC to Joint Chiefs of Staff*, CX62406, 13 May 1953, FRUS 1952-1954, 15:1:1010-1012; *Murphy to Dulles*, No.3594. 14 May 1953, DS Records, 795.00/5-1453, Box4286, RG59, National Archive.

24 *Young to Johnson*, 15 May 1953, DS Records, 795.00/5-1553, Box4286, RG59, National Archive.

내는 서한에서 아이젠하워 대통령은 미국이 한국과 상호방위조약을 체결하지 못하는 이유를 다음과 같이 열거하였다. 첫째, 현 상태에서 체결하는 상호방위조약은 미국과 한국이 유엔을 비효율적인 기구라고 간주하는 인상을 줄 것이다. 둘째, 이 조약은 미국이 한반도의 통일을 원치 않거나, 한국 일부분에 대한 공산지배의 정당성을 부여할 인상을 줄 것이다. 셋째, 최근 일련의 한국정부에 의한 휴전반대 성명과 한국군을 유엔지휘권에서 철수하겠다는 위협에 비추어, 미국 국민과 국회에 이 조약을 설명하기가 어려워졌다. 넷째, 한미 간에 방위조약이 체결되면 일부 참전국들은 군사개입을 축소하려 할 것이고, 경고성명에도 참여하지 않으려 할 것이다. 그는 동맹조약 대신에 미래의 한국방위를 지원할 '군사원조와 이에 관련된 포괄적 협정'이라는 모호한 내용의 협정을 제안하였다. 그는 또한 한국이 휴전에 협조하게 되면 한국군대를 20사단 규모로 증강시키는 제의도 하였다.[25] 다시 말해서 이승만이 휴전협상에 대하여 반대하지 않게 되면, 미국은 동맹조약만 제외하고 이승만이 원하는 것을 대부분 제공할 수 있다는 태도를 보이기 시작하였다.

　1953년 5월 30일 개최된 국방부와 국무부 합동회의에서 이승만을 제거하기 위한 에버레디작전의 수행을 포기하고, 한국에게 미국·필리핀 방위조약 및 ANZUS조약과 유사한 내용의 동맹조약을 맺어 줘야 한다는 데 합의가 이루어졌다.[26] 이 결과를 아이젠하워 대통령은 즉시 수락했다. 미 정부는 클라크 장군

25　*Acting Secretary of State to Briggs*, No.723, 22 May 1953, DS Records, 795.00/5-1853, Box4285, RG59, National Archive; *Aide-memoire from the State Department to Rhee*, 27 May 1953, DS Records, 795.00/6-353, Box4285, RG59, National Archive.

26　*Eddleman memorandum*, 1 June 1953, FRUS 1952-1954, 15:1:1126-1129.

과 브릭스 대사에게 명령서를 보내, 미국은 한국이 3개 항의 조건만 수락하면 상호방위조약을 체결하기 위한 협의를 즉시 시작할 준비가 되어 있다는 점을 알리도록 했다. 3개 항의 조건은 다음과 같다. (1) 한국정부는 휴전반대 행동을 중단한다. (2) 한국은 휴전 조항의 수행에 적극 협조한다. (3) 한국군은 불필요하다고 합의할 때까지 유엔사령부 지휘권 하에 남아 있는다.[27] 클라크와 브릭스는 이 전문을 받았지만, 미국에게 유리한 상황이 이루어질 때까지 동맹조약 체결 수락 통보를 지연시키기로 결정하였다. 이승만이 먼저 자진해서 3개 항의 내용을 받아들인 다음에 동맹조약 체결을 통보하는 것이 미국의 체면을 살리는 데 도움이 된다는 생각을 한 듯하다.

4. 한국과 미국의 최후 담판

동맹조약을 체결해 주기로 한 미국정부의 결정을 통보받지 못한 이승만은 미국정부에 대한 경고와 비판을 중단하지 않았다. 1953년 6월 2일 아이젠하워에게 보낸 서신에서 이승만은 자신이 휴전협정을 수락하는 데 필요한 4개 조건을 제시했다. (1) 상호방위조약 체결, (2) 군사 및 경제원조, (3) 미래의 다른 침략을 막기 위하여 한국 근접지역에 미 공군·해군의 주둔, (4) 중국군과 유엔군의 동시철수였다. 미국이 이 조건들을 받아들일 수 없다면, 한국군이 단독으로 군사행동을 하는 데 동의해 주기를 요청했다.[28]

---

27 *CSUSA to CINCFE*, DA940241, 30 May 1953, FRUS 1952-1954, 15:1:1122-1123.

브릭스는 동맹조약 체결만으로 이승만을 정전에 협조하도록 하기는 어려울 것이라고 판단하고 상당히 부정적인 견해를 피력했다. 그는 본국에 보낸 전문에서 "5월 30일 이 대통령이 보낸 서한을 보면, 상호안보조약을 제공하더라도 이승만이 유엔의 제안에 의한 휴전에 대해서 찬성을 할 것인지, 그러한 안보협정의 보답으로 미국이 다른 확신들을 이승만으로부터 획득할 수 있을지 불분명하다"고 비관적인 태도를 보였다. 그는 이승만 대통령이 휴전 이전에 중국군과 유엔군을 철수시키고, 포로문제 등 안보관련 문제를 독자적으로 해결하려는 구상을 하고 있는 것처럼 보인다고 보고했다. 이승만이 다양한 요구를 하고 태도를 여러 번 바꾸기 때문에, 미국인들은 안보조약을 체결해 주더라도 이승만의 협조를 받을 수 있을지에 대해서 확신을 가지지 못하고 있었다. 미국이 동맹조약 체결 이외에 정치회담 개최에 대한 협력, 군사력 증강 약속을 조건으로 다음과 같은 사항에 대해서 이승만이 협조하도록 해야 한다고 브릭스는 보고했다.

① 한국정부는 휴전을 반대하거나 반대를 선동하는 행위를 중단하고, 한국국민들이 그러한 반대나 선동에 참여하지 못하도록 영향력을 행사한다.
② 대한민국은 휴전협정의 조항들을 시행하는 데 완전한 협조를 한다.
③ 미국과 한국정부가 더 이상 필요하지 않다고 합의할 때까지 한국군은 유엔군사령

28　*Rhee to Eisenhower*, 30 May 1953, FRUS 1952-1954, 15:1:1124-1126; *CINCUNC to Joint Chiefs of Staff*, CX62781, 2 June 1953, ibid., 1132-1133; Dwight D. Eisenhower, *The White House Years: Mandate for Change, 1953-1956*, Vol.1. (Garden City: Doubleday, 1963), p.183.

관의 작전통제 하에 놓이게 한다.[29]

군사적 측면에서 미국은 특히 외국군의 동시철수 제의를 받아들이기 어려 웠다. 콜린즈는 클라크에게 보내는 전문에서, 공산군의 새로운 공격을 막기 위 해서는 유엔군이 주둔하고 있어야 하고, 동시철수 제안은 계속되고 있는 휴전 회담의 진행을 위태롭게 하는 것이며, 이 대통령이 단독행동을 취할 경우 미국 과 다른 유엔국가들이 한국에 대한 원조를 계속하기 힘들어 진다는 점을 이승 만에게 통보하도록 지시했다.[30]

그동안 정전협상은 매우 빠른 속도로 진행되었다. 6월 8일에는 포로의 자 발적 송환에 입각한 '중립국 송환위원단 관련 협정(Terms of Reference for the Neutral Nations Repatriation Commission)'이 체결되었다. 정전협정 체결이 다가오 자 이승만 대통령과 한국인들의 저항이 거세졌다. 6월 6일의 성명에서 이 대 통령은 정전협정안을 한국이 받아들일 수 없다고 발표했다. 한국은 한미상호 방위조약 체결 후 유엔군과 중국군의 한반도에서의 동시철수를 내용으로 하 는 역제안을 했다. 한미상호방위조약에는 (1) 한반도에 대한 공격시 미국의 '자동적이고 즉각적인' 참여, (2) 한국군에 대한 미국의 병참지원, (3) 한국의 공군과 해군이 조직될 때까지 한반도에 미국의 육군과 해군의 주둔이 포함되 어야 한다고 주장했다. 이러한 제안을 받아들일 수 없다면, 한국이 통일을 위 하여 지속적으로 싸울 수 있도록 허용해 달라는 요구를 했다.[31]

29 *Briggs to Dulles*, No.1390, 3 June 1953, DS Records, 795.00/6-353, Box4286, RG59, National Archive.

30 *CSUSA to CINCFE*, DA940543, 3 June 1953, FRUS 1952-1954, 15:1:1135-1137.

많은 수의 한국인들이 거리로 나와 휴전을 반대하고 북진을 요구하며 대규모 시위를 벌였다. 브릭스 대사는 "그 시위는 매우 소란스러웠지만, 무질서하지는 않았다"고 본국에 보고했다. 시위에는 중고등학생들도 많이 참여했으며, 소녀들도 많이 포함되어 있었다. 다수의 상이군인들도 참여했다.[32] 국회는 129 대 0으로 휴전협정 반대 결의안을 채택하였다. 클라크 및 브릭스와 만난 이승만은 그것이 자살행위라 하더라도 한국군은 전투를 계속하겠다고 선언하였다. 미국이 동맹조약을 체결해 주겠다는 통보를 하더라도 자신의 휴전반대를 철회할지의 여부에 대하여 이승만이 정확한 대답을 하지 않자, 클라크와 브릭스는 유리한 기회가 올 때까지 상호방위조약 체결에 대한 언급을 하지 않기로 결정하였다.[33]

대체로 한국에 주재하고 있던 클라크 사령관과 브릭스 대사는 조속히 휴전협정을 체결하면 한국이 별다른 행동을 취하지 못할 것이라는 기대감을 갖고 있었다. 그들은 많은 한국인들, 특히 국회의원들과 관료들이 휴전을 무시하고 홀로 싸우겠다는 이승만의 결정을 지지하지 않고 있다는 생각을 하고 있었다.

---

31 *Summaries of Recent ROK Statement on Armistice*, DS Records, Box 4286, RG59, National Archive.

32 *Briggs to Dulles*, No.1416, 11 June 1953, DS Records, 795.00/6-1153, Box4286, RG59, National Archive.

33 *Briggs to Dulles*, DTG070810Z, 7 June 1953, DS Records, 795.00/6-753, Box4286, RG59, National Archive; *Briggs to Dulles*, DTG080744Z, 8 June 1953, DS Records, 795.00/6-853, Box4286, RG59, National Archive; CINCUNC to Joint Chiefs of Staff, CX62890, 7 June 1953, FRUS 1952-1954, 15:1:1149-1151; Stephen E. Ambrose, *Eisenhower: The President 1952-1969* (London: George Allen & Unwin, 1984), p. 101; *Mark Clark, From the Danube to the Yalu* (New York: Harper and Brothers, 1954), pp. 274-276; 『동아일보』, 1953년 6월 8일, 12일.

한국인들의 마음은 불확실성으로 흔들리고 있으며, 특히 이승만 지지와 전쟁의 두려움 사이에서 갈등하고 있다고 보고했다. 한국인들의 통일에 대한 열망은 크지만, 전쟁을 조속히 끝내야 한다는 의견도 많다는 것이 한국에 있는 미국인들의 생각이었다. 이러한 상황에서 당시 논의되고 있는 방향으로 빠르고 단호하게 휴전을 추진하는 것이 효과적인 해결책이 될 수도 있다는 견해를 피력했다.[34]

당시 미국이 가장 우려하는 점은 정전이 이루어지고 난 후 이승만이 통일을 명분으로 북한에 대한 공격을 할지 모른다는 점이었다. 브릭스 대사는 이승만이 독자활동을 하기 전에 클라크 유엔사령관에게 사전 통보할 것으로 믿고 있었다. 그는 이승만이 진실로 휴전을 반대하고는 있지만, 마지막 선택을 해야할 경우 예고 없는 독자활동을 하여 자신을 파멸로 몰아넣지는 않을 것이라고 생각했다. 브릭스는 이승만이 무조건 휴전을 반대하기보다는 휴전에 대한 반대를 활용하여 미국이 한국 안보에 대한 개입을 하도록 전략을 수정했다고 보고했다. 브릭스는 "이승만이 휴전을 진심으로 반대하지만, 그는 현실적이기 때문에 휴전이 체결된 후 '압록강까지 단독으로 북진'을 시도하여 스스로 파멸의 길로 들어가지는 않을 것"이라고 강조했다.[35]

이러한 시각은 너무 낙관적이었다는 자각을 하게 한 사건이 발생했다. 6월 18일 이승만이 반공포로를 일방적으로 석방한 것이다. 그는 한국군이 관리하

---

34 *Briggs to Dulles*, DTG110250Z, 11 June 1953, DS Records, 795.00/6-1153, Box4286, RG59, National Archive.

35 *Briggs to Dulles*, No.4, 16 June 1953, DS Records, 795.00/6-1653, Box4286, RG59, National Archive.

던 2만 7,388명의 반공포로를 유엔사령부에 예고도 하지 않고 석방하였다. 이승만은 1953년 초부터 원용덕 헌병 총사령관을 시켜 포로 석방계획을 수립하도록 지시하였다. 반공포로 석방은 이후에도 계속되었고, 6월 21일까지 석방과정에서 56명이 사망했고 81명이 부상을 당하였다. 즉각적으로 포로수용소 경비업무를 인계받은 미군이 6월 19일부터 통제를 강화하고 탈출자들에 대하여 발포를 하여 많은 사상자가 발생했다. 이미 미국은 한국과의 동맹조약 체결을 결정하고 있었지만, 이러한 결정을 이승만에게 통보하지 않아서 이승만은 더욱 강경한 모습을 계속 보이고 있었다. 반공포로 석방 직후 이승만은 자신이 클라크 장군에게 그의 지휘체제에서 한국군을 철수시키겠다고 말하는 것을 '독약' 먹는 것 이상으로 싫지만, 한국정부에게는 다른 선택안이 없는 것 같다고 위협까지 했다.[36] 휴전협상 타결은 다가오는데, 미국이 동맹조약 체결 확답을 주지 않자 이승만은 더욱 강경한 태도를 보이기 시작했다.

미국의 대통령을 비롯한 정치권은 이승만의 행동에 대해서 격분했다. 6월 18일의 국가안보회의(NSC)에서 아이젠하워는 "미국은 우방 하나를 잃는 대신 적을 하나 더 얻었다"고 말하면서, 만약 필요하다면 미국이 한국에서 군대를 철수할 상황이 올지도 모른다고 경고하였다. 덜레스(John Foster Dulles) 국무장관은 이승만이 휴전회담을 결렬시키기 위한 '최후의 노력'을 하고 있으므로 미국이 취할 수 있는 '가장 강력한 정책'을 취하여야 한다고 주장했다. 미국은 이승만의 저항적인 행동을 묵과하고 그냥 지나가기는 힘들었다. 아이젠하워는 만약 미국이 이승만의 행동에 대해 강력한 항의 없이 그냥 받아들인다면, 연합

---

36 *Rhee to CINCUNC*, 18 June 1953, FRUS 1952-1954, 15:2:1197-1198.

국들은 이를 연합을 포기하는 조치로 생각할 것이고, 공산국가들은 미국이 한국을 통제할 능력이 없다는 선전을 할 것이라고 우려했다.

아이젠하워는 이승만에게 경고성 서한을 보냈다. 이 서한에서 아이젠하워는 이승만의 포로 석방은 유엔사령부의 권위에 도전하는 한국의 '공개된 무력행사'라고 비판하였다. 만약 이승만이 이러한 행동을 계속한다면, 피를 흘리며 용감하게 싸워 획득한 모든 것을 희생시키는 결과가 초래될 것이라는 경고를 했다. 만약 이승만이 유엔사령부의 권위를 즉시 그리고 명확하게 받아들이지 않는다면, 미국으로서는 '모종의 조치'를 취하지 않을 수 없을 것이라고 경고하였다. 아이젠하워는 '모종의 조치'에 대한 내용을 구체적으로 밝히지 않았지만, 아마도 그 내용은 미군의 철수, 경제·군사원조의 중단, 방위조약 불체결, 그리고 더 적극적인 측면에서 이승만 제거계획인 에버레디작전 수행을 포함하였을 것이었다. 덜레스 국무장관도 한국대표들과 만난 자리에서 '모종의 조치'라는 표현을 사용하였다. 전쟁을 종식시키려는 유엔사령부의 권위를 한국정부가 받아들이지 않는다면 '모종의 조치'를 취할 것이라고 위협하였다.[37]

이승만의 단독적 행위와 발언에 대해서, 한국정부를 제외한 거의 전 세계가 비판을 하였다. 한국 내에서 야당도 이승만의 포로 석방에 대하여 비판하였다. 전 내무장관이었으며, 당시 민주당 당수였던 조병옥은 이승만의 행동은 국제적인 비난으로 말미암아 불리한 결과를 초래할지도 모르는 현명치 못한 처

---

37 *150th meeting of the National Security Council*, 18 June 1953, FRUS 1952-1954, 15:2:1200-1205; Dwight D. Eisenhower, *The White House Years: Mandate for Change 1953-1956* (Garden City: Doubleday, 1963), pp. 185-186; John Kotch, "The Origins of the American Security Commitment to Korea," in Bruce Cumings(ed.), *Child of Conflict*, p. 249; *Young memorandum*, 18 June 1953, FRUS 1952-1954, 15:2:1206-1210.

사였다는 성명을 발표하였다. 조병옥은 이승만이 포로 석방을 하는 마음은 이해하지만, 그러한 감정은 휴전협정이 체결될 때까지 참고 기다려야 한다고 주장했다. 그는 포로들이 몇 개월 더 구금되어 있는 것보다 한국국민들의 안위가 더 중요하다고 강조했다. "나는 석방된 포로들이 수용소로 다시 돌아오는 데 대해서는 찬성하지 않는다. 그러나 휴전을 위해서 해야 할 것들이 있다면, 한국정부는 유엔사령부에 협조할 수 있는 모든 것을 해야 하고, 유엔사령부가 원하는 협상이 이루어지도록 해야 한다"고 결론내렸다.[38]

이승만의 반공포로 석방에 대해서 공산주의자들도 신랄하게 비판하였다. 그들에게 있어서 한국의 협조 없이 이루어지는 정전은 무의미한 것이었다. 그들은 미국이 이승만의 계획을 사전에 알았으면서도 고의적으로 묵인하였다고 비난하였다. 그들은 석방된 포로의 재수감과 '이승만 도당'이 더 이상 정전반대 행위를 하지 않는다는 보장을 요구하였다. 그러나 그들은 정전협상을 중단하지는 않았다.[39]

판문점에서 공산 측과 정전을 위한 협상의 타결이 다가오면서 미국에게 남은 과제는 이승만을 정전에 협력하도록 하는 것이었다. 휴전타결이 다가오면서 이승만의 태도는 더욱 경직되었다. 이승만은 휴전이 조인된다면 한국군을 유엔군 사령부로부터 직접 자기 관하로 복구시킬 용의가 있다고 거의 공식적으로 발언을 했다. 6월 22일의 기자회견에서 이승만은 한국정부가 휴전조건

---

38   *Briggs to Dulles*, No.1454, 23 June 1953, DS Records, 795.00/6-2353, Box4287, RG59, National Archive.

39   Department of State, *Bulletin*, 29 June 1953, pp. 905-908; *CINCUNC to Joint Chiefs of Staff*, CX63328, 20 June 1953, FRUS 1952-1954, 15:2:1224; Mark Clark, *From the Danube to the Yalu*, pp. 279-282.

을 수락할 수 없는 상황에서 휴전이 조인되는 직후로부터 한국군이 종전대로 유엔군 사령부 관하에 있을 수 없다는 것을 우방에게 알릴 필요가 있다고 생각한다고 주장했다.[40] 그러면서 이승만은 한국이 수락할 수 있는 대안으로 (1) 중국군의 철수, 이것이 불가능한 경우에는 중국군 및 유엔군의 동시철수, (2) 휴전 전에 한미상호방위협정을 체결할 것, (3) 정치회의를 3개월 기한부로 할 것의 3개 조건을 제시하였다. 그는 "한국이 무조건으로 휴전을 반대하는 것이 아니라 오직 우리 자신의 생존에 필요한 계획을 실행하는 권리를 요구할 뿐이다"라고 언명하였다.[41]

지속적으로 강경한 태도를 보이는 이승만을 달래기 위해서 국무부의 로버트슨 차관보가 특사로 한국을 방문했다. 미국정부가 로버트슨을 통해 한국에 보낸 각서에서 미국은 동맹조약 체결을 위한 즉각적 협상 개시, 경제원조, 한국군의 20사단으로의 증강 등을 약속하였다. 그 대신 한국정부가 유엔사령부의 권위 인정, 휴전협정에 대한 전폭적 준수, 한국군의 유엔사령부 잔류 등을 조건으로 제시하였다. 미국정부는 정전이 이루어지면, 한반도 통일을 위한 정치회담을 개최하고, 정치회담이 시작된 후 90일 이내에 한국의 정치적 장래를 해결하지 못하면, 미국은 한국과 행동을 같이 하여 회담장으로부터 철수할 것이라고 약속했다.[42]

---

40 "이승만 대통령, 휴전조인시 한국군을 직접 자기 관할로 이전할 것이라고 언명(1953. 6. 22)," 『자료대한민국사 제29권』, 국사편찬위원회.

41 "이승만 대통령, 3개항의 휴전조건 제시(1953. 6. 23)," 『자료대한민국사 제29권』, 국사편찬위원회.

42 *Robertson to State Department*, Nos.28 & 31, 26 & 27 June 1953, DS Records, 795.00/6-2653, Box4287, RG59, National Archive; *CINCUNC to Joint Chiefs of Staff*, 281528Z, 28 June

1953년 6월 25일에 로버트슨 특사가 이승만을 처음 방문했을 때, 이승만은 "당신은 물에 빠진 사람에게 내민 손과 같습니다. 부디 우리가 물에서 나갈 수 있도록 도와 달라"고 당부했다. 로버트슨은 7월 12일까지 한국에 머물면서 협상을 지속했다. 6월 26일에는 이 대통령, 클라크 사령관, 로버트슨 특사가 참석한 회의에서 미국이 필리핀과의 상호방위조약에 준하는 상호방위조약을 체결해 주기로 결정했다는 통고를 했다. 그 대신 미국은 한국정부의 정전 동의, 한국군에 대한 유엔사령부의 작전지휘권 유지를 요구했다. 이에 대해 이승만은 중국군 철수 이전에 한미상호방위조약의 체결, 정전 후 정치회의를 90일 이내로 정하고 회의가 실패하면 즉각 군사활동을 재개할 것을 주장했다.[43]

정전이 기정사실화 되어 가면서, 이승만은 정전 자체보다는 정전 이후의 상황에 대하여 우려를 하였다. 그는 정해진 기간 내에 정치회담이 소기의 목적을 달성하지 못할 경우 한국과 미국은 동시에 이 회담으로부터 철수하고 합동군사작전을 즉시 재개하기를 요구하였다.[44] 단순히 정치회담에서 철수하는 것이 아니라 북한에 대한 새로운 전쟁을 하자는 것이었다. 이승만의 기본 입장이 아직 경직되어 있기 때문에 미국인들은 이승만에 대한 압력을 강화하여야 한다는 데 합의하였다. 미 정부는 이승만에 압력을 가하기 위해서 이승만이 경직된 태도를 바꾸지 않으면 미군이 철수할 것이라는 인상을 가지게 하도록 클라크에게 지시했다.[45]

1953, FRUS 1952-1954, 15:2:1280-1282.

43 군사편찬연구소, 『한미동맹 60년사』 (서울: 국방부 군사편찬연구소, 2013), pp. 60-61.

44 *Rhee to Robertson*, 28 June 1953, FRUS 1952-1954, 15:2:1282-1284.

45 *Dulles to Eisenhower*, 28 June 1953, FRUS 1952-1954, 15:2:1284-1285; *Kyes (Deputy*

미국이 이승만의 요구들 중에서 가장 받아들일 수 없었던 것은 정치회담이 실패한 이후에 전투를 재개하는 것이었다. 이승만은 미국이 이러한 약속을 하지 않는다면 정전을 결사적으로 반대하는 한국인들을 설득할 수 없다고 주장했다. 미국은 인명피해와 소련의 개입 가능성 때문에 이 요구를 받아들일 수 없었다. 이는 의회의 동의가 없으면 대통령이 수행할 수 없는 전쟁을 시작하는 것이나 다름없었던 것이다. 미국인들은 정치회담 실패 이후의 정책은 당시의 환경에 따라 채택되어야 한다고 생각하였다.[46]

로버트슨은 이승만이 허세를 부리는 것이 아니라 진정성을 가지고 요구를 하고 있다고 느꼈다. 그는 이승만을 '열광적이고, 비합리적이고, 비논리적인 광신자(zealous, irrational, illogical fanatic)'로 표현하였다. 그리고 클라크는 미군이 철수할지 모른다는 인상을 한국인들에게 심어주는 정책을 모색했다. 모든 전선에서 한국군 사령관들이 전투임무를 수행해야 할지 모른다는 암시를 주면서, 한국이 전투를 계속하기를 원한다면 유엔군은 전선에서 철수할 것이라는 태도를 보였다. 이와 함께 일부 군대를 이동시키고, 비송환포로를 한 지역으로 집결시키고, 계획 중이던 한국군대 4개 사단의 증강을 보류하도록 계획하였다. 한국군 장성 일부가 이승만에 대하여 반대하는 행위를 하도록 유도하기 위하여 이러한 정책을 추진하였지만, 클라크를 비롯한 미군은 이승만을 능가할

Secretary of Defense) to CINCUNC, DEF942613, 29 June 1953, FRUS 1952-1954, 15:2:1287-1288.

46 *Robertson to State Department & Rhee to Robertson*, 1 July 1953, DS Records, 795.00/7-153, Box4287, RG59, National Archive; *Dulles to Robertson*, 30 June 1953, 795. 00/6-3053, ibid.; *Dulles to Embassy in Korea*, No.4, 1 July 1953, 795.00/7-153, ibid.

수 있는 강력한 반공의식을 가진 인사를 찾을 수가 없었다.[47]

다른 모든 방법을 동원해도 이승만의 태도를 완화시키기 어렵게 되자, 결국 로버트슨은 이승만에게 비록 최종적으로 상원의 비준을 받아야 하지만 미국이 상호방위조약 초안 작성을 위하여 즉시 협의할 준비가 되어 있다고 통보했다. 또한 그는 휴전 이후 개최될 한반도 통일을 위한 정치회담을 시작한지 90일 이후 실패할 경우, 미국은 그 회담에서 철수하여 미래에 취할 행동에 대하여 한국정부와 협의할 것을 약속하였다. 한국은 이에 상응하게 휴전협정을 지지하고, 군대를 유엔군 통제 하에 유지시켜야 한다고 강조했다. 그러자 이승만은 상원이 상호방위조약을 비준할 때까지 휴전협정 체결을 늦추도록 요구하였다. 그렇지 않으면 적어도 상원이 조약을 지지한다는 확인이라도 해 줄 것을 요구하였다. 로버트슨은 "만약 이것이 품위 손상 없이 이루어진다면, 향후의 재앙을 막을 수 있는 강력한 수단이 될 것"이라고 보고하였다. 로버트슨은 이승만에게 미국이 동맹조약 협상을 서두를 것이며, 상원의 비준도 되도록 빨리 받도록 노력할 것이라고 약속했다. 그는 또한 아이젠하워 대통령에게 공화당과 민주당의 상원 지도자들과 협의를 하고 이승만에게 메시지를 보내 주기를 요청했다.[48]

---

47 "이승만과 로버트슨 회담(1953.6.29),"『이승만관계 서한자료집4』, 국사편찬위원회; *Clark to Wilson*, CX63449 & 63500, 2 & 5 July 1953, FRUS 1952-1954, 15: 2:1296-1300 & 1332-1333; *New York Times*, 6 July 1953, p. 3; *Clark to Defense Department*, C63473, 3 July 1953, DS Records, 795.00/7-353, Box4287, RG59, National Archive.

48 *Briggs to Dulles*, No.13, 4 July 1953, DS Records, 795.00/7-453, Box4287, RG59, National Archive; *Robertson to State Department*, No.19, 6 July 1953, DS Records, 795.00/7-653, Box4287, RG59, National Archive; *Robertson memorandum*, 4 July 1953, FRUS 1952-1954, 15:2:1326-1329.

당시 미국의 공화당 의원들은 이승만에 대한 지지를 보였고, 심지어 일부 의원들은 이승만의 정전반대 입장을 지지했기 때문에 동맹조약이 상원의 비준을 받는 것은 별로 어려움이 없을 것이라고 예상되었다. 특히 이승만이 정전에 협조하는 태도를 보이면 한국과의 동맹에 대해서 의회의 반대가 없을 것이라고 미 정부는 예상하고 있었다. 상원 내에 안보조약의 비준을 반대하는 세력이 존재하지만, 이 세력은 이 대통령과 한국정부의 향후 활동에 따라 강력해질지, 찬성의견으로 돌아설지 결정될 것이라는 평을 받았다.[49]

한국 내의 분위기도 변하기 시작했다. 동맹조약 체결을 통보받은 이후 이승만은 "마음을 열어 놓고, 더 이상 이것 또는 저것을 하지 않겠다는 말을 하지 않고, 오히려 출구를 찾으려는 태도를 보이고 있다"고 로버트슨은 본국에 보고했다. 이승만은 '정중하고, 우호적이고, 사려 깊은' 태도를 가지게 되었고, 시위대의 구호도 "한국은 미국과의 우호관계를 유지해야 한다", "한국에 참전한 유엔군에 감사하자"는 우호적인 내용으로 바뀌었다. 적대감이 거의 사라졌다는 것이 당시 한국에 대한 로버트슨의 평가였다.[50]

로버트슨과 접촉을 한 이승만의 태도는 많이 유연해졌다. 그는 정치회담 실패 이후 전투를 재개하는 요구를 철회하였고, 상호방위조약의 상원 비준이 이번 회기에 불가능하다면 다음 회기에 한다는 데 합의했다. 이승만은 그동안 강

---

49 *Dulles to Robertson*, No.21, 7 July 1953, DS Records, 795.00/7-753, Box4287, RG59, National Archive; *New York Times*, 20 April 1953, p. 24; Barton J. Bernstein, "Syngman Rhee: The Pawn As Rook The Struggle to End the Korean War," *Bulletin of Concerned Asian Scholars*, Vol.10, No.1, Jan.-Feb., 1978, p. 40.

50 *Briggs to Dulles*, No.22, 7 July 1953, DS Records, 795.00/7-753, Box4287, RG59, National Archive.

력하게 요구하던 몇 가지를 포기했다. 첫째, 그는 휴전협정이 체결되기 이전에 중국군이 철수하고 한반도가 통일이 되어야 한다는 주장을 포기했다. 둘째, 그는 모든 전쟁포로가 본인이 선택하는 지역으로 석방되어야 한다는 주장을 포기했다. 셋째, 그는 휴전협정 체결 이전에 미국과의 안보조약이 비준되어야 한다는 요구를 포기했다. 넷째, 그는 휴전협정 체결 이후 개최된 정치회담에서 90일 이내에 원하는 목표를 달성하지 못하는 경우 전투를 재개하는 데 미국이 동의하도록 하는 요구를 포기했다. 그리고 최종적으로 휴전협정이 한국의 국가존립에 해가 되지 않는 한, 휴전협정에 대하여 더 이상 방해하지 않겠다고 약속했다. 이승만은 미국의 미래 정책수립에 있어서 한국이 전략적으로 중요한 지위를 점하고 긴밀한 동맹국으로 인정받기를 원했다. 7월 11일 아이젠하워에게 보낸 서한에서 이승만은 미국과의 우호관계의 증거로서, 그리고 자유세계에 대한 미국의 지도력을 확인한다는 징표로서 로버트슨의 요구사항들을 수용하였다고 강조했다. 이승만과 로버트슨이 합의한 내용은 다음과 같다.[51]

① 휴전성립 후 한미 양국은 상호방위조약을 체결하기로 약속한다. 이를 위해 미국 측은 덜레스 국무장관이 조약에 대해 호의적인 반응을 갖도록 상원의원들을 설득한다.

② 미국 측은 장기간의 경제원조와 2억 달러의 제1회 원조를 공여한다. 유엔군 사령관은 휴전이 조인되는 즉시 95만 달러에 해당하는 1,000만 파운드의 식료품을 한

---

51 *Rhee to Robertson*, 9 July 1953, DS Records, 795.00/7-753, Box4287, RG59, National Archive; *Robertson to Dulles*, 091600Z, 9 July 1953, DS Records, 795.00/7-753, Box4287, RG59, National Archive; *Rhee to Eisenhower*, 11 July 1953, FRUS 1952-1954, 15:2:1368-1369; Robert J, Donovan, *Eisenhower: The Inside Story*, pp. 124-125.

국에 공급한다.

③ 90일 경과 후 정치회담에서 구체적인 성과를 얻지 못할 경우 한미 양국은 이 회의에서 철수하여 한반도 통일에 대한 미래의 행동을 토의한다.

④ 이미 계획된 대로 한국군을 20개 사단으로 증강하고 이에 필요한 해·공군력을 증강한다.

⑤ 정치회의 개최 이전에 공동 목표를 토의하기 위해 한미고위급회담을 개최한다.

마침내 1953년 7월 27일 정전협정이 체결되었다. 정식 명칭은 '국제연합군 총사령관을 일방으로 하고 조선인민군 최고사령관 및 중국인민지원군 사령원을 다른 일방으로 하는 군사 정전에 관한 협정(Agreement between the Commander-in-Chief, United Nations Command, on the one hand, and the Supreme Commander of the Korean People's Army and the Commander of the Chinese People's volunteers, on the other hand, concerning a military armistice in Korea)'이다.

Ⅲ. 한미동맹의 결성 :
한미상호방위조약과 한미합의의사록 체결

1. 한미상호방위조약

정전협상이 진행되는 동안 이승만의 정전반대를 무마하기 위해서 미국은 한국과 동맹조약을 체결해 주기로 결정했다. 이승만 대통령은 정전협정 체결 이전에 동맹조약의 체결을 희망했지만, 동맹조약의 체결은 정전협정이 체결되기 이전에 이루어지지 않았다. 정전협정이 체결되기 이전부터 양국은 동맹조약을 체결하기 위한 본격적인 협상에 들어갔으나, 몇 가지 중요한 조항에 대한 합의가 이루어지지 않아서 체결이 지연되었다. 특히 전쟁발생시 개입 조항에 대하여 한국과 미국의 이견이 노정되었다.

한국정부가 요구한 내용은 정전 이후 공산주의자들이 재침을 할 경우 미국이 다른 국가들과의 협의 없이 즉각적이고 자동적으로 한국에 대한 군사지원을 하고, 정전 이후에 미 공군과 해군이 한반도에 주둔하는 것이었다. 특히 이승만은 조약을 체결한 한 당사국이 제3국의 공격을 받았을 경우 다른 당사국이 공격을 받은 것이나 마찬가지의 효과를 가지게 하여 공동으로 대처하는 '공동수호조항(amity clause)'의 삽입을 요구하였다.[52] 이승만은 새로운 한국전쟁이 발발할 경우 미국이 자동적으로 개입하는 내용의 확실한 조약을 원했던 것이었다.

그러나 미국은 자동개입 조항의 삽입에 대해서 반대의 입장을 보였다. 미국인들은 NATO 방식의 자동개입 형태가 아니라, ANZUS(호주-뉴질랜드-미국) 또는 미국-필리핀 조약과 같이 일정한 절차를 거쳐서 개입하는 유형을 생각하고 있었다. 또한 미국인들은 한국이 정전 이후 북한을 공격하는 경우를 조약에 포함하지 않기 위하여, 조약의 효력이 발생하는 지역을 '대한민국의 법과 권위가 미치는 평화로운 지역'으로 한정하기를 원하였다. 따라서 미국은 북한 지역이 대한민국의 관할권에 포함되는 것을 인정하지 않았다. 또한 미국정부는 한미동맹조약으로부터 발생하는 책임에 대하여 유엔을 관련시키지 않기를 원하였다. 미국이 작성한 초안은 "이 조약은 유엔헌장 또는 국제평화와 안보를 유지하는 유엔의 책임으로부터 발생하는 권리와 의무에 어떠한 방식으로든 영향을 미치거나 미친다는 해석을 하면 안 된다"는 내용을 포함하고 있었다. 미국이 작성한 초안은 어느 일방의 독립과 안보가 외부의 공격으로 인하여 위협을 받을 경우 양측은 협의를 하고, 양 당사국의 '행정적 통제(administrative control)'가 미치는 지역에 발생한 공동위험에 대하여는 각국의 '헌법적 절차(constitutional processes)'에 따라 활동을 하도록 하였다.[53] 즉 미국의 초안에 자동개입 조항이 포함되지 않은 것이다.

---

52 *Rhee to Eisenhower*, 30 May 1953, FRUS 1952-1954, 15:1:1124-1126; *CINCUNC to Joint Chiefs of Staff*, CX63282, 23 June 1953, ibid., 1240-1242.

53 *Young memorandum*, 22 June 1953, FRUS 1952-1954, 15:2:1236-1237; US Senate, Hearings on the Mutual Defense Treaty, Committee on Foreign Relations, 83rd Cong., 2nd sess., 13 January 1954, pp. 10-11; *Dulles to Embassy in Korea*, No.19, 6 July 1953, DS Records, 795.00/7-653, Box4287, RG59, National Archive.

이에 대해서 이승만은 동맹조약에 자동개입 조항이 삽입되어야 한다고 강력하게 주장했고, 이와 더불어 미군의 주둔도 요구했다. 사실 미군이 한국에 주둔하고 있는 이상, 자동개입 조항이 없더라도 한반도의 새로운 분쟁 발생 시 미군이 자동적으로 개입되는 '인계철선(引繼鐵線, trip wire)' 효과를 노린 것이다. 이승만은 미군이 일본에 주둔하도록 허용한 미일안보조약과 유사한 형태로 한미상호방위조약의 내용을 구성하도록 요구하였다. 만약 이 요구를 미국이 받아들이면, 1951년 9월에 체결된 미일안보조약에 있는 '일본'이라는 어휘를 '한국'으로 대체하면 될 것이라고 주장했다.[54] 자동개입 조항 요구가 받아들여지지 않는 대안으로 미군의 한국주둔을 요구한 것이다.

1953년 7월 9일 한국정부는 한미상호방위조약의 골격이 되는 주요 사항들을 다음과 같이 제시했다.

① 대한민국의 법적인 권한은 압록강과 두만강까지 미친다.

② 만약 미국이 한국에 육·해·공군의 주둔이 필요하다고 생각하면 즉시 이를 위한 조치를 취할 수 있다.

③ 일방 당사자에 대한 무력공격은 다른 당사자에 대한 무력공격으로 간주되고, 공격받은 측에 대하여 즉각적으로 무력을 사용하여 지원한다. 이 조치는 유엔 안보리가 국제평화와 안보를 회복하기 위한 조치를 취할 때까지 계속된다.[55]

---

54 *Robertson to State Department*, No.26, 7 July 1953, DS Record, 795.00/7-753, Box4287, RG59, National Archive.

55 *ROK Draft of Mutual Defense Treaty*, 9 July 1953, FRUS 1952-1954, 15:2: 1359-1361.

미국은 '헌법적 절차'에 의한 개입 조항, 즉 의회의 승인을 받은 후 전쟁에 개입하여야 한다는 입장을 고수했다. 이에 대해 이승만은 전쟁개입 문제는 긴급히 결정되어야 할 사안이기 때문에 의회와 협의를 하거나 동의를 받을 시간적 여유가 없을 것이라고 반박하였다.[56] 이 조항에 대한 양국의 시각이 너무 차이가 났기 때문에 방위조약은 휴전협정 체결 이전에 이루어질 수가 없었다.

한국과 미국의 입장 차이를 줄이기 위하여 덜레스 국무장관이 정전협정 체결 이후인 1953년 8월 2일 한국을 방문했다. 이승만 대통령은 한국의 운명과 희망이 이 조약에 달려 있기 때문에 되도록 강력한 내용의 조약 체결을 원하였다. 이에 덜레스는 조약의 힘은 미사여구보다는 그 조약 뒤에 있는 정신으로부터 나온다고 강조했다. 한국과 미국이 협력하는 한 한국은 자유세계의 전진기지가 된다는 점을 세계에 알리는 것이 조약의 목적이라고 강조했다. 상원이 비준을 반대하면 미국이 한국을 포기한 것으로 세계에 알려지는 비극이 초래될 것이기 때문에 상원에서 통과될 수 있는 조약을 체결해야 한다는 점을 강조했다.

이승만은 자신이 강한 조약을 원하는 이유 몇 가지를 밝혔다. 첫째, 자신은 대통령으로서 미국이 한국에 대하여 강한 입장을 보이고 있다는 점을 국민들에게 인식시켜야 한다. 둘째, 한국전 발발 이전에 일부 미국인들이 한국이 전략적 가치가 없다고 주장했는데, 이는 전쟁을 일으킨 쪽에 많은 영향을 미쳤다. 셋째, 한국인들은 소련보다 일본을 더 두려워하고 있기 때문에 미국의 중간역할이 필요하다. 미국인들은 일본이 과거의 제국주의를 꿈꾸는 속마음을

---

56 *Rhee to Dulles*, 25 July 1953, FRUS 1952-1954, 15:2:1436-1438.

모른다고 하면서, 일본을 군사적이나 경제적으로 재건시키는 것은 현명하지 못하다고 부연 설명하였다. 이어서 이승만은 한반도 통일을 위한 정치회담이 90일 동안 결실을 이룩하지 못할 경우 미국은 전쟁을 재개하던가, 한국이 통일을 이룩할 때까지 정신적·물질적 지원을 해야 한다고 요구하였다. 이에 덜레스는 미국이 한국의 전쟁 재개를 지원할 수 없다는 점을 단호하게 선언하였다. 덜레스가 세계의 정의롭지 않은 전쟁을 지원할 수 없다고 주장하자, 이승만은 여태까지 피를 흘리며 희생하였으면서 반만 이룩하고 떠나지 말고 목표를 완수하라고 되받았다. 덜레스는 미국정부의 임무는 미국국민들이 원하는 것에 대하여 책임을 지는 것이라고 답하였다.[57] 덜레스의 논지는 이승만이 우선 신의를 보이고, 미국정부의 권한과 임무에 대하여 이해해 달라는 것이었다.

동맹조약에 대한 협상이 무르익어 갈 때 한국의 변영태 외무장관은 한국이 "중국 공산 침략자들을 한국 땅에서 물러가게 할 권한을 포함한 내부문제에 대한 완전한 주권을 보유하고 있다"는 조항의 삽입을 요구했다. 덜레스는 한국전쟁이 국제평화를 위협하는 공산주의자들의 침략이라는 전제 하에 유엔이 개입하도록 미국이 영향력을 발휘하였으며, 한국정부가 삽입을 요구하는 조항은 이를 부정하는 내용이기 때문에 포함시킬 수 없다고 답하였다. 덜레스는 한국전쟁이 단순한 내전이라고 주장하는 소련진영의 주장을 무시하고 미국이 참전한 사실을 상기시켰다. 이승만과 그의 참모들은 이 논리를 받아들였다.[58]

이러한 협의 과정을 거친 한미상호방위조약은 1953년 8월 8일 서울에서

---

57 *Young memorandum*, 7 August 1953, FRUS 1952-1954, 15:2:1481-1488.
58 *Robertson memorandum*, 7 August 1953, FRUS 1952-1954, 15:2:1488-1489.

가조인되었고, 1953년 10월 1일 워싱턴에서 덜레스 국무장관과 변영태 외무장관의 참석 하에 정식으로 체결되었다. 이 조약은 양국 국회의 비준을 거쳐 1954년 11월 18일부로 발효되었다. 발효되기 전날인 11월 17일에는 '한미합의의사록'이 서명되었다.

한미상호방위조약의 대부분 조항들은 미국의 초안을 기초로 하였다. 조약 제2조는 "어느 1국의 정치적 독립 또는 안전이 외부로부터의 무력공격을 받고 있다고 어느 당사국이든지 인정을 할 때에는 언제든지 당사국은 서로 협력"하며, "무력공격을 저지하기 위한 적절한 수단을 지속하여 강화시킬 것"이라는 내용을 포함했다. 그러한 위협이 있을 경우 적절한 조치를 취하는 구체적인 방안으로 제3조에는 "공통한 위협에 대처하기 위해 각자의 헌법상의 수속에 따라 행동할 것을 선언한다"라고 되어 있다. 전쟁발발 시 양국은 상호협의를 거친 후에도 각자의 헌법상 절차를 거치도록 함으로써 자동개입 조항이 포기되었다. 또한 제3조는 "각 당사국은 타 당사국의 행정지배 하에 있는 영토와 각 당사국이 타 당사국의 행정지배 하에 합법적으로 들어갔다고 인정하는 금후의 영토에 대하여 타 당사국에 대한 태평양 지역에서의 무력공격을 자국의 평화와 안전을 위태롭게 하는 것이라고 인정하고 공통한 위험에 대처하기 위하여 각자의 헌법상의 수속에 따라 행동할 것을 선언한다"는 내용을 포함하여, 이 조약의 효력은 남한이 공격을 받았을 때 작동된다는 점을 명확히 했다. 주한미군에 대한 제4조는 "상호 합의에 의하여 미합중국의 육군, 해군과 공군을 대한민국의 영토 내와 그 부근에 배치하는 권리를 대한민국은 허여하고 미합중국은 이를 수락한다"로 되어 있다. 따라서 현재 미군의 남한 주둔은 한미상호방위조약에 기초하고 있으며, 원칙적으로 주한미군을 철수하기 위해서는 한미상호방위조약을 개정해야 한다.

가장 중요한 논쟁점이 되었던 자동개입 조항이 제외되는 대신 미국은 한국 정부의 우려를 고려하고 설득하기 위해서 미군 2개 사단을 서울과 휴전선 사이 서부전선에 배치하여 인계철선(trip wire)을 구축함으로써 자동개입의 현실적 조치를 취했다.

2. 한미합의의사록과 한미상호방위조약의 비준

한미상호방위조약 체결 이후, 한국과 미국은 동맹조약을 보완하기 위해 1954년 11월 17일 '경제 및 군사문제에 관한 한미합의의사록(Agreed Minute Relating to Continued Cooperation in Economic and Military Matters)'을 체결하였다. 상호방위조약이 북한의 남침을 억지하고 막아내는 데 주목적이 있었었으며, 한미합의의사록은 이승만의 북진 무력통일 시도를 견제하기 위해서 한국군의 작전지휘권을 유엔사령부 하에 존속시킨다는 것을 골자로 하였다. 이에 대한 보상으로 미국은 한국에 대해서 대규모 경제 및 군사원조를 하고 한국군을 증강하는 내용도 포함되었다.

한미상호방위조약을 서명한 후 미국정부의 가장 큰 관심사는 이승만이 단독으로 북진을 하지 않도록 하는 것이었다. 이 문제는 상원의 한미상호방위조약의 비준과도 연관이 되어 있었다. 이승만이 전쟁을 일으키려는 의도를 포기하지 않으면, 상원에서 조약의 비준이 어렵게 될 수 있었기 때문이었다. 이러한 이유로 1953년 말에 닉슨(Richard Nixon) 부통령이 서울을 방문하여 이승만과 회담을 가졌고, 아이젠하워 대통령은 1954년 1월 초에 이승만에게 서한을 보냈다. 아이젠하워는 이 서한에서 이승만이 닉슨을 만나 미국에 사전통보하지 않고 독자적인 군사활동을 하지 않겠다고 약속을 한 데 대해서 치하를 했다.[59]

1954년 4월 20일부터 7월 20일까지 베트남과 한반도 문제를 다루기 위해서 개최된 제네바회담에서 한반도 문제의 해결이 실패로 돌아간 이후 이승만의 태도는 다시 경직되었다. 정전협정 제4조 60항은 6·25전쟁을 평화적으로 종결하기 위해 정전협정 발효 후 3개월 이내에 고위급 정치회담을 개최하고 한반도로부터 외국군대 철수 및 한국문제의 평화적 해결 등을 협의하도록 규정하고 있다. 하지만 1954년 4월 남북한과 유엔 참전국, 중국 및 소련 등이 참석한 가운데 스위스 제네바에서 개최된 정치회담은 유엔군 철수 등을 둘러싼 입장차를 해소하지 못하고 결렬됐다.

미 행정부는 제네바회담이 실패로 돌아간 1954년 7월부터 한국정부가 미국에 통고를 하지 않고 일방적인 행동을 취하지 못하도록 한국과 일종의 협약을 맺기를 희망하고 있었다. 그러기 위해서 미국은 다양한 수준의 유인책과 상황평가를 실시했다. 우선 미국은 한국군의 증강을 위해 매년 1억 달러를 지출하고, 3~4년 동안 총 10억 달러의 경제원조를 할 준비를 하고 있었다. 지원의 조건은 한국정부가 정치적, 군사적, 경제적으로 미국에 완전한 협력을 해야 한다는 것이었다. 한국의 단독 무력통일 시도를 막기 위해 통일문제는 유엔 총회에 의존하도록 유도하는 정책을 수립했다. 이와 더불어 한국과 일본의 관계에 있어서 미국인들은 한국인들의 일본에 대한 역사적인 감정을 이해하지만, 지

---

59 *Dulles to Briggs*, 4 January 1954, DS Records, 611.95B/1-454, Box2888, RG59, National Archive.

역안보를 위해서 한국과 일본의 관계가 개선되기를 희망했다. 특히 미국은 한국이 일본과 외교정상화 관계를 가지기를 기대했다.[60]

이러한 내용을 중심으로 한 한미 간의 협의를 위해 이승만과 아이젠하워 대통령은 1954년 7월 27일부터 30일까지 정상회담을 개최했다. 양 정상은 공산주의의 침략에 대해서 양국이 적극적인 협력을 해 나가기로 합의하면서, 현안 문제들을 협의했다. 우선 미국은 한국정부가 유엔을 통하여 평화적인 방법으로 한반도 통일을 추진해 나가고, 군사적으로 한국군을 유엔사령부의 작전지휘권 하에 유지시키기를 요구했다. 이에 대한 보상으로 미국은 한국의 경제발전과 군사력 확충을 위해서 충분한 지원을 하기로 약속했다. 미국은 한국의 군사력을 1955년까지 총 72만 명으로 확충하고, 이에 따른 비용을 미국이 지원하기로 결정했다. 총 병력은 72만 명으로 하되 각 군별 구성 인원은 한국정부의 요구에 따라 유연성을 가지도록 했다. 또한 미국의 지원 하에 한국은 일본과 현안 문제들을 해결하기 위한 협상을 재개하기로 했다.[61] 정상회담에서 이승만은 마지못해서 미국의 유엔을 통한 평화적 한반도 통일 제안을 수용하였지만, 아직 그의 내심은 이를 확고하게 받아들였는지는 불분명했다. 이승만의 기본적인 입장은 한반도의 평화통일은 불가능하다는 것이었고, 미국은 이승만의 북진이 핵전쟁을 야기할 수도 있다고 우려했다.

---

60 *Drumright to Dulles*, 24 July 1954, DS Records, 611.95B/7-2454, Box2888, RG59, National Archive.

61 이승만, 『이승만 대통령 방미일기』 (서울: 코러스, 2011); "Agreed minute between the Governments of the United States and the Republic of Korea based on the conferences held between President Eisenhower and President Rhee and their Advisers in Washington, July 27-30, 1954," DS Records, Box2888, RG59 National Archive.

미국은 이승만이 일방적인 군사적 행동을 취하지 않겠다는 약속을 문서로 남기기를 원했다. 한미정상회담 이후 1개월 이상이 지난 9월 14일에 한미합의의사록의 초안이 완성되었다. 여기에는 한국이 미국과 협력하고 한국군을 유엔사령부의 작전지휘권 하에 남겨 둔다는 조건 하에 미국은 한국에게 7억 달러 상당의 경제 및 군사원조를 제공한다는 내용이 담겨 있었다. 이승만은 미국과 협상할 한국 관료들에게 10억 달러의 경제 및 군사원조를 받아오고, 무력 북진통일의 문구를 넣기 어려우면 '모든 가능한 방법(by all possible means)에 의한 통일'이라는 문구를 삽입하도록 지시하여 협상의 난관이 예상되었다.

1954년 8월 하순에 한미 간의 군사 및 경제협상이 본격적으로 진행되면서, 미국은 의사록에 대한 한국의 공식적 합의를 받아야 한다고 생각했다. 미국인들은 과거 이승만의 행태로 봐서, 그는 미국에게 군사와 경제지원 프로그램의 완전한 확인을 강요하면서, 자신은 문서로 된 약속을 피하려 할 것이라고 우려했다. 이승만 자신은 행동의 자유를 가지면서 미국이 의무를 이행하게 하는 구속을 모색할 것이기 때문에, 미국은 이승만이 문서에 서명하기 전에 지원에 대한 확신을 심어주면 안된다고 생각했다. 한국이 서명하기 이전에 미국은 어떠한 합의도 이행하지 않을 것이라는 점을 알리면서, 이승만이 서명하도록 '열정적인' 노력을 기울여야 한다고 브릭스 주한미대사가 본국에 보고했다.[62] 당시 미국이 가장 큰 관심을 가졌던 사항은 어떻게 하더라도 이승만이 한반도 통일을 목적으로 단독으로 군사행동을 하지 못하도록 규제하는 것이었다.

휴전 이후 이승만과 한국정부는 미국이 일부 군대를 한반도에서 철수하려

---

62 *Briggs to Dulles*, No.208, 20 August 1954, DS Records, 611.95B/8-2054 Box2888, RG59, National Archive.

는 계획과 미국 관리들의 친일본적 태도에 대해서 불만을 가졌다. 이에 대해서 한국정부는 성명을 발표하고 캠페인을 벌이기 시작했다. 미국인들은 이 캠페인이 한국인들에게 미래에 대한 잘못된 인식을 갖게 하고, 한미관계를 악화시키는 결과를 도출할 것이라고 우려했다.

미국인들은 특히 이승만 대통령의 9월 20일 성명에 대해 큰 관심을 보였다. 이승만은 미국인들이 친일본적 성향을 보이는 데 대해서, 특히 미국이 일본에 대한 지원과 건설에 치중하면서 한국에 대해서는 소홀히 하고 있다는 비판을 했다. 이 대통령은 수도를 부산에서 서울로 옮긴 후 대규모 재건 계획을 추진하고 있으나, 미국의 관리들은 일본을 우선적으로 생각하기 때문에 한국의 부흥계획에 차질이 빚어지고 있다는 비판을 했다. 그는 "한국이 일본보다 더 나은 점을 확인시켜 주기 위해서 노력하는데, 이를 시기하는 일본인들이 반대를 제기하고, 친일 미국인들도 이 일본인들을 지지한다"고 비난했다. 그는 미국인들이 한국의 산업건설을 지원하지 않고 외국 물품을 수입하게 하여 한국에는 일본의 상품들이 넘쳐난다고 비판했다. 특히 미국은 한국이 사용할 비료를 일본으로부터 수입하는 데 매년 4,000만 달러를 지원하면서, 한국에 비료공장 건설하는 것을 지원하지 않는다는 불평을 했다. 이승만은 한국인들이 전쟁으로 폐허가 된 도로와 산업시설의 재건을 위해서 많은 노력을 기울이는데, 미국의 지원은 매우 미흡하다고 주장했다. 한국과 관련된 임무를 수행하는 미국의 관료들은 이승만의 요구에 대해서 미국정부가 성의있게 수용해 주는 것이 이승만의 독자적인 행동을 막을 수 있는 방법이라고 권고했다.[63]

---

63 *McClurkin to Robertson*, "Republic of Korea —Anti-American Campaign," 23 September 1954, DS Records, 611.95B.9-2354, Box2888, RG59, National Archive.

그러나 한국대표들과 협상을 벌이는 미국의 실무그룹은 한국정부의 경직된 태도에 대해서 불만을 표시했다. 특히 한국정부가 미국이 받아들일 수 없는 과도한 요구를 하고 있다는 데 대해서 곤혹스러워 했다. 브릭스 주한미국대사는 이승만이 미국의 여론에 많은 귀를 기울이고 있기 때문에, 미국정부가 한국에 대해서 최선을 다하고 있다는 내용으로 미국의 여론을 유도할 필요가 있다는 건의를 했다. 더불어 브릭스는 이승만이 자신이 하는 행위에 대한 미국 여론의 반응에 영향을 받기 때문에, 미국 언론에서 이승만의 행동에 대한 비판여론을 형성해 주면, 이승만의 불평불만을 자제시킬 수 있을 것이라고 보고했다.[64] 브릭스는 이승만에게 한국정부가 미국에 대한 부정적인 캠페인을 지속하면 양국의 긴밀한 우호관계와 상호호혜적인 위상에 부정적인 영향을 줄 것이라고 경고했다.[65]

미국이 한국에게 제시한 장문의 합의의사록 초안은 한반도의 통일이 한미 양국에게 이득이 되며, 공산주의에 대항하는 자유세계의 노력에 기여하는 것이므로, 한미 양국은 통일에 대해 긴밀한 협력을 한다는 내용으로 시작되었다. 이어서 유엔사령부가 대한민국의 방어에 책임을 지고 있기 때문에, 한반도의 통일을 위해서 노력을 하는 동안, 한국군대가 유엔사령부의 통제 하에 지속적으로 놓이게 한다는 내용으로 이어졌다. 이러한 전제 하에 미국이 한국에 대한 경제원조와 군사력 확충을 지원하는 내용을 포함했다. 한국을 정치적, 군사

64 *Briggs to Dulles*, No.426, 11 October 1954, DS Records, 611.95B/10-1154, DS Box 2888, RG59, National Archive; *Drumfight to Hoover*, 13 October 1954, DS Records, 611.95B/10-1354, Box2888, RG59, National Archive.

65 *Briggs to Dulles*, No.460, 19 October 1954, DS Records, 611.95B/10-1954. Box2888, RG59, National Archive.

적, 경제적으로 강화할 목적으로 1955년 회계연도에 경제원조와 군사력 건설을 위하여 70억 달러를 지원한다는 내용도 포함되었다. 미국은 한국군 증강계획의 일환으로 약 10개의 예비사단을 구성하기로 결정했다. 육군 군복무를 마친 젊은이들을 모집하여, 매월 1만 명씩 훈련시켜서 1955년까지 예비군 사단들을 완성하기로 했다. 해군, 해병대, 공군은 예비군 선발을 하지 않도록 했으며, 한국군의 전체적인 증강계획을 이 예비사단의 수준을 고려하여 결정하기로 했다. 이러한 예비사단을 구성하고, 훈련하고 유지하는 비용을 미국이 부담하기로 했다. 군사력에 있어서, 한국 해군이 79척의 함정을 가지도록 지원하기로 했다. 공군의 경우 한국 공군이 비행조종을 할 수 있는 능력에 따라 비행기 지원 숫자를 조정하는데, 대체로 33대의 제트훈련기, 30대의 F-96-F와 16대의 C-46의 지원을 구상하고 있었다.[66]

한미합의의사록 초안을 작성하는 과정에서 미국정부는 이승만에게 미국정부가 무력에 의한 한반도 통일을 원하지 않고, 평화적인 방법에 의한 통일만을 원한다는 점을 특히 강조했다. "아이젠하워 대통령과 덜레스 국무장관이 언명한 바와 같이, 미국정부는 모든 평화적 방법에 의한 통일을 지지하며, 무력에 의한 통일을 지지해 달라는 요구를 받아들일 수 없다." 한국이 이러한 미국의 시각을 의사록에 포함하는 데 동의한다면, 미국은 1955년 회계연도에 실시될 미국정부의 가장 큰 규모의 경제 및 군사원조 프로그램을 한국을 위하여 시행할 의사가 있다는 점을 분명히 했다.[67]

---

66 *Briggs to Dulles*, No.475, 22 October 1954, DS Records, 611.95B/10-2254, Box2888, RG59, National Archive.

67 *Briggs to Dulles*, No.503, 28 October 1954, DS Records, 611.95B/10-2854, Box2888, RG59,

이에 대해서 이승만은 기존의 노선을 유지하면서, 한국인들은 '반노예, 반자유(half slave, half free)'상태로 영구히 살 수 없다고 주장했다. 그는 통일에 대해서 둘 중의 하나를 택하도록 제안했다. 첫째는 의사록에서 통일에 대한 언급을 모두 삭제하는 것이고, 둘째는 "모든 평화적 수단"이라는 문구를 빼고 미국이 단순히 "한반도의 통일을 지지한다"는 문구를 넣는 것이었다. 미 관료들은 한반도 통일문제는 매우 중요하기 때문에 이승만의 요구를 들어주기 어렵다는 태도를 보였다.[68]

미국의 관료들은 미국에 대해서 반기를 드는 이승만의 전술이 한국의 다른 지도자들과의 불화를 조성할 가능성이 있다고 예견했다. 당시까지의 상황으로는 심각한 정도는 아니지만, 이승만의 태도가 더 경직되면, 미국의 지원을 받는 데 지장이 초래될 것이라고 한국 지도자들이 우려할 상황이 벌어질 것이라고 생각했다. 미국인들은 이승만을 지지하는 한국 언론의 논조도 많이 약해졌고, 정부를 지지하는 시위도 거의 없어졌다는 점에 대해 관심을 가졌다. 이러한 상황에서 이승만의 협상력도 많이 약화될 것이라고 기대했다. 미국인들은 이승만이 자신의 확실한 승리를 예견하기 어려운 협상에 대해서는 분명한 끝맺음을 하지 않는 성격과 습성을 버리지 않을 것이라고 하면서, 아마도 자신의 요구가 관철되지 않는 이슈들에 대해서는 잠정협정(modus vivendi)의 방식으로 수용할 것이라고 기대했다.[69]

National Archive.

68 *Briggs to Dulles*, No.509, 29 October 1954, DS Records, 611.95B/10-2954. Box2888, RG59, National Archive.

69 "Intelligence Note: President Rhee Encounters Internal Dissension in ROK-US Controversy," 5 November 1954, DS Records, 611.95B/11-554, Box2888, RG59, National Archive.

미국인들은 지속되는 이승만의 고집과 비타협적인 태도에 불만을 가졌다. 과거 휴전협정을 반대할 때와 같이 이승만 제거계획을 수립하지는 않았지만, 연로한 대통령이 보다 순응적인 젊은 대통령으로 교체되기를 원했다. 그러나 그들은 이승만이 워낙 한국정치를 좌지우지하기 때문에, 당분간 새로운 후계자가 나설 가능성은 별로 높지 않다는 실망감도 가지고 있었다. 그러나 이승만 대통령의 정치력이 예전보다 많이 약화되어 있기 때문에, 미국의 관련 관료들은 당면한 이슈들을 논의하는 데 있어서 강력한 압력을 행사할 필요가 있다고 생각했다. 그리고 시간을 지체하지 말고 빠르게 합의를 도출해야 한다는 전략을 수립했다.[70]

이후 한국과 미국정부는 다양한 방식으로 협상을 하였는데, 미국이 원하지 않는 방향으로 합의의사록이 체결될 경우 미국은 한미상호방위조약의 비준서 교환을 지연시킬 수 있기 때문에, 미국은 보다 유리한 입장에서 빠른 의사록을 체결하기를 원했고, 한국은 주저하는 태도를 보였다.[71] 의사록 초안이 만들어진 이후에도 이승만 대통령은 초안에 대해서 거부감을 보였다. 휴전과 한미동맹 체결 이후에도 '북진통일'을 희망했던 이승만은 합의의사록 초안에 담긴 '모든 평화적 수단을 통해' 통일을 모색한다는 표현에 대해서 지속적인 거부감을 보였다. 그는 미국 측에 '평화적 수단'이라는 표현을 삭제할 것을 요청하였다. 이 문제에 대해서 의사록 서명하기 직전까지 많은 협상이 이루어졌다.

70 *Briggs to Dulles*, No.540, 9 November 1954, DS Records, 611.95B/11-954, Box2888, TG59, National Archive.
71 *State Department to Embassy Seoul*, 12 November 1954, DS Records, 611.95B/11-1254, Box2888, RG59, National Archive.

한반도에서 또 다른 전쟁에 연루되는 것을 꺼려한 미국은 이승만의 요구를 재차 거부했다. 결국 양측은 여러 차례에 걸친 접촉과 협상 끝에 유엔을 통하여 통일을 추진한다는 내용의 문구만을 삽입하기로 결정했다.[72] 한국의 입장에서 무력에 의한 한반도 통일은 현실성이 적었고, 경제와 군사원조가 보다 시급했기 때문에 미국이 원하는 방향의 의사록을 받아들이지 않을 수가 없었다.

마침내 1954년 11월 17일 미국이 한국에게 1955년도 회계연도에 4억 2,000만 달러의 군사원조와 2억 8,000만 달러의 경제원조를 제공하고, 10개 예비사단의 추가 신설과 79척의 군함과 약 100대의 제트전투기를 제공하는 조건으로, 한국은 "유엔사령부가 대한민국의 방위를 위한 책임을 부담하는 동안 대한민국 군대를 유엔사령부의 작전지휘권 하에 둔다"는 것에 동의한다는 내용의 '합의의사록'에 정식 조인했다. 조인 직후 그동안 지연되어 왔던 한미 상호방위조약의 비준서도 상호교환됨으로써 비로소 동맹조약의 법적 효력이 발생하게 되었다. 합의의사록에 의해서 한국은 육군 66만 1,000명, 해군 1만 5,000명, 해병대 2만 7,500명, 공군 1만 6,500명으로 구성되는 총 72만 명의 군대를 유지할 수 있게 되었다. 이와 같은 미국으로부터의 지원에 대한 대가로 이승만은 '북진 무력통일'의 꿈을 현실적으로 단념해야만 했다. 미 행정부도 이승만의 일방적인 군사행동으로 인해 전쟁으로 끌려들어 가게 될 가능성을 대폭 줄일 수 있었다는 점에서 상당한 소득을 얻을 수 있었다.

72 *Briggs to Dulles*, No.558, 14 November 1954, DS Records, 611.95B/11-1454; *Briggs to Dulles*, No.559, 15 November 1954, DS Records, 611.95B/11-1554; *Briggs to Dulles*, No.569, 16 November 1954, DS Records, 611.95B/11-1654; *Briggs to Dulles*, No.572, 16 November 1954, DS Records, 611.95B/11-1654, Box2888, RG59, National Archive.

이승만의 휴전반대, 한미상호방위조약, 한미합의의사록을 체결하는 과정에서 갈등을 가장 많이 겪은 한국군의 작전지휘권 문제, 즉 한국군이 북진 무력 통일을 하지 못하도록 작전지휘권을 규제하는 문제는 동맹체결 당시에는 유엔군 사령부로 귀속시켰으나, 이후 작전통제권으로 변경 및 축소되었으며, 이후 유엔사령부가 한국군의 작전통제권을 한미연합사에 위임했고, 이후 평시작전통제권은 한국이 인수했고 전시 작전통제권은 한미연합사에 아직 귀속되어 있다. 이승만 대통령은 한국전쟁 발발 직후인 1950년 7월에 한국군의 작전지휘권을 "현재의 적대상태가 지속되는 동안(during the period of the continuation of the present state of hostilities)" 유엔군 사령관에게 이양한 바 있다.

　국가들은 자국의 군사적 능력으로 외부로부터의 위협이나 공격을 막아내기 어려울 때 다른 국가와 힘을 합쳐서 공동방위정책을 펼친다. 소위 군사동맹을 체결하는 것이다. 한국도 한국전쟁 휴전 이후의 안보를 위하여 미국과 동맹을 체결했다. 통상적으로 동맹은 두 국가가 공동의 안보적 위협을 받을 경우, 이에 대처하기 위한 군사적 협력을 바탕으로 긴밀한 협의를 통하여 동맹조약을 체결한다. 따라서 동맹의 조건은 공동적이 있어야 하고, 반드시 조약으로 체결이 된다. 그리고 이념적으로나 정책적으로 긴밀히 서로를 이해하는 관계에서 체결이 된다.

　1953년 10월 1일에 체결된 한미상호방위조약은 이러한 일반적인 동맹 체결의 목적과 조건에 부합된다. 미국과 한국에게는 한국전쟁 동안 전쟁을 벌였던 상대인 북한과 중국이라는 공동적이 있었고, 미국이 한국전에 개입하여 대한민국을 수호했으며, 휴전 이후에도 대동북아 전략의 차원에서 남한과의 긴밀한 관계가 필요했기 때문에 한국과 미국의 안보적 연대감도 강하게 생성되어 있었다. 이러한 점에서 동맹의 목표와 의도는 양국이 부합되었으나, 동맹을 체결하는 과정은 다른 동맹조약들과는 차별성을 보였다.

　미국에게 있어 단기적인 측면에서 한미동맹은 휴전회담에 반대하고, 단독으로 북진하겠다는 한국의 이승만 대통령을 달래서 휴전을 달성하기 위한 수단이었다. 물론 휴전 이후 미국은 대동북아 전략의 차원에서 한국과 동맹을 포함한 긴밀한 군사관계를 맺었을 가능성이 있지만, 휴전이 되기 이전에 한미동맹 체결을 결정한 것은 휴전에 대한 이승만의 지지를 받아내기 위한 수단이었던 것이다. 초기에 미국은 휴전에 반대하는 이승만을 제거하려는 계획을 수립하기도 했다. 그러나 이승만이 휴전이라는 단기적 목표에 대해서 반대를 하였지, 반공이라는 장기적 목표에는 적합한 인물이었기 때문에 미국은 이승만을 설득하기 위해서 동맹조약 체결을 결정한 것이다.

한국의 입장에서 분석해 보면, 한미상호방위조약의 체결과정은 외교적인 측면에서 매우 중요한 의미를 지니고 있다. 특히 한국의 대미외교의 자주성과 독자성의 문제이다. 대체로 약소국이 강대국과 군사적 유대관계를 맺게 되면 약소국이 강대국에 의존하게 되어 있으며, 강대국의 정책이 약소국의 이익에 반하더라도 별 저항 없이 따르게 되어 있다. 그러나 이승만 대통령은 전쟁에서 승리하기 위해서, 전쟁이 재발하지 않도록 하기 위해서, 전쟁이 재발하더라도 미국과 유엔이 개입해 주기를 기대하면서, 휴전이라는 목표를 세우고 정책을 추진하는 미국에 대해 정책적인 도전을 했다. 이승만의 목표는 명확했는데, 그것은 미국이 휴전 이후 한국의 안전을 보장해 달라는 것이었다. 현실적으로 한국이 독자적으로 북진을 한다는 것은 거의 불가능했지만, 이승만은 이를 협상도구로 하여 미국과 동맹조약을 체결하는 데 성공을 했다. 한국전쟁 발발 이후 남한이 공산화되는 것을 막아 주었음에도 불구하고, 이승만은 미국에 대해서 정책적 도전을 했고, 한국의 안보를 위해서 필요한 것을 받아 냈다. 이러한 대미외교는 현재의 상황에서도 참고할만한 외교였다는 평을 할 수 있다.

당시 미국정부의 외교문서들을 분석해 보면, 미국은 이승만의 휴전반대와 단독북진 주장에 대해서 상당히 심각하게 생각했던 것으로 보인다. 그랬기 때문에 미국은 이승만을 제거하려는 작전까지 수립했었다. 그럼에도 불구하고 결과론적으로 미국이 이승만의 요구를 들어주기로 결정한 것은 당시 한국상황을 비추어 볼 때 이승만 이상의 반공주의자를 찾기 어려웠던 요인이 매우 컸을 것이다. 미국이 보기에 이승만은 미국이 단기적인 정책을 추진하는 데 있어서 방해가 되는 골치 아픈 인물이었지만, 장기적으로 미국의 동북아 전략을 수행하는 데 필요한 인물로 평가되고 있었던 것으로 보인다. 그러한 이유로 결국 동맹조약을 체결하여 이승만이 우려하는 휴전 이후 안보적 불안감을 해소시켜 주었다.

한미상호방위조약 체결 이후에도 이승만은 단독북진 무력통일을 대미 외교의 협상카드로 활용했다. 한국이 단독으로 북침을 하여 전쟁을 하는 것은 현실성이 부족한 카드였지만, 이승만은 한국전쟁에 개입하여 성공하지 못한 미국의 약점을 계속 물고 늘어지면서, 자신이 원하는 것을 모두 획득하려고 시도했다. 한미상호방위조약 체결 이후 1년 여 동안 한국과 미국은 이승만의 단독북진 무력통일과 미국에 대한 경제 및 군사원조를 이슈로 하여 수많은 협상을 한 기록이 남아 있다. 이승만은 1953년 10월 1일 한미상호방위조약의 체결 이후에도 지속적으로 북진 무력통일 주장을 했고, 미국정부 내에서는 이를 심각하게 생각하며 이승만을 자제시키는 방안을 강구한 많은 외교문서가 미국 내셔널 아카이브(National Archive, 메릴랜드대 소재 별관)에 남아 있다. 결국 미국은 이승만에 대해 강압과 회유를 하여 1954년 11월 17일에 한미합의의사록을 체결한 이후에야 동맹조약 비준서를 교환하여 발효시켰다.

우리가 한미합의의사록의 체결과정에 대해서 비중있게 살펴봐야 하는 이유는, 통상적으로 한미상호방위조약을 체결하게 되어 모든 것을 이루었기 때문에 한국정부가 아무런 대미외교를 하지 않았을 것이라고 생각되지만, 실제로 이승만은 미국에 대하여 우리의 국익신장을 위해서 끈질긴 외교적 노력을 한 기록을 볼 수 있기 때문이다. 당시 1950년대에 전쟁의 참화를 경험한 한국이라는 작은 국가가 세계 초강대국으로 등장한 미국에 대해서 대등한 외교를 전개한 것이다. 후세의 한국 지도자들과 외교관들에게 귀감이 되는 외교활동이라는 평가를 할 수 있다.

이승만의 휴전반대와 북진위협이 없었더라도 미국이 한국과 동맹조약을 체결했을까라는 질문에 대해서는 명확한 답을 하기가 어렵다. 북한지역에 공산주의자들이 존재하는 상태로 휴전을 하게 되면, 언젠가 한반도에서 무력충돌이 일어날 가능성이 있고, 전쟁이 재발한다면 미국은 상당히 어려운 입장에 놓이게 될 것이 확실했다. 새로운 한국전쟁에 미국이 개입을 하지 않으면, 최악의 경우 한반도 전체가 공산화될 우려가 있고, 이는 미국의 대동북아 전략과 일본의 안보에 크게 해를 미치는 결과를 초래할 것이다. 또한 미국이 새로운 전쟁에 개입하기 위해서는 한국전쟁에서의 미국 개입의 실패로 인해 실망한 미국 내 여론을 어떻게 다시 설득할지가 문제였다. 무엇보다 미국은 한국의 전쟁에 새로 참전하더라도 전쟁을 이길 수 있을지 확신이 서지 않는 상황이었다. 이러한 점에서 미국이 한국과 동맹을 체결하면 공산 측이 섣불리 전쟁을 일으키지 못하는 억지효과가 생기고, 한국의 북진 무력통일 시도도 저지할 수 있었기 때문에 한미동맹은 미국의 대동북아 전략의 차원에서 필요한 것이었다는 평가를 할 수 있다. 동북아 국가가 아닌 미국이 동북아에서 세력을 유지하기 위해서는 한국과의 긴밀한 안보적 유대가 필수적이었을 수 있다.

결국 한국과 미국은 동맹조약을 체결하여, 한국은 안보를 미국에 의존하면서 절약되는 국가예산을 경제성장에 투자하여 번영을 추구할 수 있었고, 미국은 남한의 북진통일을 막으면서 남한의 안보와 정치를 미국에 의존하게 하는 계기를 마련할 수 있었다. 어쩌면 이승만은 미국이 한국과 동맹조약을 체결하면 미국도 이득일 것이라고, 또한 미국인들도 내심 그러한 인식을 하고 있다는 생각을 하면서, 미국에게 동맹조약을 체결하여 한국의 안보를 책임져 달라는 요구를 외교적 도전의 방법으로 표현한 것인지도 모른다. 궁극적으로 한국전쟁이 마무리되면서 벌어진 한국과 미국의 외교전은 서로가 이득을 보면서 끝난 윈-윈 게임이었다.

부 록

이승만 대통령의 작전지휘권 이양 공한(公翰)

□ 이승만 대통령이 맥아더 유엔군사령관에게 보낸 공한
  (1950.7.15)

　대한민국을 위한 유엔의 공동 군사노력에 있어 한국 내 또는 한국 근해에서 작전 중인 유엔의 육해공군 모든 부대는 귀하의 통솔하에 있으며, 또한 귀하는 그 최고사령관으로 임명되어 있음에 비추어, 본인은 현 적대행위가 계속되는 동안 대한민국 육·해·공군의 모든 지휘권을 이양하게 된 것을 기쁘게 여기는 바이며, 그러한 지휘권은 귀하 자신 또는 귀하가 한국 내 또는 한국 근해에서 행사하도록 위임한 기타 사령관이 행사하여야 할 것입니다.

　한국군은 귀하의 휘하에서 복무하는 것을 영광으로 생각할 것이며, 또한 한국 국민과 정부도 고명하고 훌륭한 군인으로서 우리들의 사랑하는 국토의 독립과 보전에 대한 비열한 공산침략에 대항하기 위하여 힘을 합친 유엔의 모든 군사권을 받고 있는 귀하의 전체적 지휘를 받게 된 것을 영광으로 생각하며 또한 격려되는 바입니다.

　귀하에게 최대의 심후하고도 따뜻한 마음으로 개인적인 경의를 표하나이다.

1950년 7월 14일
이승만

OFFICE OF THE HISTORIAN

Search

FOREIGN RELATIONS OF THE UNITED STATES, 1952–1954, KOREA, VOLUME XV, PART 1

795B. 11/3–552

President Truman to the President of the Republic of Korea (Rhee)[1]

[WASHINGTON,] March 4, 1952.

CONFIDENTIAL

MY DEAR MR. PRESIDENT: Last August, in my reply to your ltr of July 28,[2] I took occasion to refer to certain matters which were giving the US Govt great concern. I regret that circumstances make it   [Page 75] imperative that as Chief Executive of the country which has been charged by the UN with exercising the Unified Command, I must again bring them to your most urgent attention.

As an indication of the importance which I attach to these questions, I have requested that Amb Muccio personally deliver this ltr to you. It is my hope that you will accept this ltr in the same frank and friendly spirit in which it is offered, and that any misunderstandings which may have arisen with regard to the policy of the US toward Korea may be eliminated.

The Govt of the US has noted with mounting concern the statements which have been made with increasing frequency by reps of the Govt of the ROK expressing open opposition to the efforts which are being made by the Unified Command to bring the hostilities in Korea to an honorable and satisfactory conclusion consistent with the security of the ROK and with the objectives of the UN. From these statements it would appear that your Govt is taking a stand which not only is sharply at variance with the policies and objectives of the UN which are fully supported by the US, but also threaten to jeopardize the success of the UN efforts on behalf of your people. If this is in fact the case, and your Govt is not fully resolved to continue its cooperation with the nations that have come to its assistance at great cost, I am convinced that only the most serious consequences can ensue.

It should by now be abundantly clear that the UN action in relation to your country has from its very inception been motivated by the deepest concern for the protection of the ROK against its foes and, beyond that, for the achievement of a just settlement of its problems by peaceful means in full knowledge of and in accordance with the desires and aspirations of the Korean people. The US Govt has never deviated from these aims, nor will it now.

The UN action in Korea has been marked by an outstanding unity of purpose on the part of all of those nations participating in it. It has been this unity of purpose which has led to the repelling of the aggressive attack upon your country while avoiding the dangers of a broader conflict which might destroy forever the freedom of your country and lead to untold misery for the world. This unity of purpose must, therefore, be maintained at all costs. To allow divergencies to develop within your own country or between it and the UN which would threaten the support of the UN at this critical period in your history, would be to court disaster for your country and to weaken, if not destroy, the chances for the achievement of its just aspirations.

The degree of assistance which your Govt and the people of Korea will continue to receive in repelling the aggression, in seeking a just political settlement, and in repairing the ravages of that aggression will inevitably be influenced by the sense of responsibility demonstrated by your Govt, its ability [Page 76] to maintain the unity of the Korean people, and its devotion to democratic ideals.

Because the people of the US have the future of Korea and the peace of the world so deeply at heart, I feel that I can ask that you assert your influence and that of your Govt in restoring to our association in this great cause the essential spirit of confidence and understanding which alone can ensure its success. I hope that in response you will assure me that your Govt, its armed forces and the people of Korea will continue to cooperate in every way with the UNC.

Very sincerely yours,

HARRY S. TRUMAN

1. This letter was transmitted to Korea in telegram 646 to Pusan, Mar. 5, 1952. As the JCS did not favor sending Nimitz and because other suitable persons were not available, Acheson recommended that the President send this letter through the normal channel of the Ambassador in Korea. The President approved the text of the letter and agreed to Acheson's suggestion for method of transmission; memorandum for Truman by Acheson, Mar. 4, 1952, not printed. (795.00/3-452)↩

2. For the texts of these letters, see Foreign Relations, 1951, vol. vii, Part 1, pp. 745 and 774.↩

OFFICE OF THE
HISTORIAN

Search

FOREIGN RELATIONS OF THE UNITED STATES, 1952–1954, KOREA, VOLUME XV, PART 1

795B.11/3–2752

The President of the Republic of Korea (Rhee) to President Truman[1]

PUSAN, March 21, 1952.

CONFIDENTIAL

MY DEAR MR. PRESIDENT: Your good letter of March 4, 1952[2] was handed to me personally by Amb Muccio and I am exceedingly sorry to realize how I have caused you so much concern by my open statement re the cease-fire negotiations. I need not remind you that it is you who have saved us by your momentous decision to defend Korea against aggression and that we owe you our very lives. My people have been given at least, a fighting chance. Not only Koreans will remember you with deepest gratitude but all the peoples of the free world will always acclaim you as the greatest leader in world history in the cause of human freedom and security. Indeed I am the last person to raise voice against any change you may deem necessary to pursue in your efforts to settle the Communist problem in Korea as well as in the entire world.

Mr. President, allow me to express frankly what I have had in mind for some time past. Please accept this as a sincere personal conviction of one of your grateful admirers, whose only desire is to see you succeed in completing the greatest service you undertook to render to all humanity by checking the expansion of Communism. You will remember how spontaneously the entire free world responded to your call for a joint action against the Communist aggression in Korea and against the possibility of another world war. The cease-fire talks have, however, dampened the morale and high spirit you so inspiringly and effectively aroused among all free men everywhere, besides allowing the Communists to build up to dangerous proportions. I always believed in a strong American leadership in the Orient and I was strengthening the American hand against the middle ground groups in the United Nations. I [Page 115] counted upon a final positive direction coming from the United States at the last moment. Now I simply cannot persuade myself to believe that it is your own opinion and conviction that this change is a right course to follow.

If it is truly your personal conviction that armistice of some kind must be agreed upon and if you want my cooperation in it, there is no question of my doing my best to rise to your expectation, even if I have to do so against my own judgment. But my personal cooperation wld not mean much unless I won a solid support from my people. It is my deep belief, therefore, that my collaboration with you in this matter wld be more effective and more heartily embraced by my people, if the following suggestions could receive your favorable consideration.

(1)   A mutual security pact between our two nations, I sincerely believe, is an essential thing. Since your desire has been, as we all know, to defend Korea against Red aggression, there can be no reason for objecting to such a pact which alone wld give the Korean people the supporting

assurance they would badly need during a hazardous armistice. With a mutual security pact backing me, I am sure Mr. President, I can succeed in persuading my people to accept an armistice. The absence of any pact of reassuring nature, on the other hand, wld dangerously accentuate the prevalent dread that Korea will be abandoned, if the worst comes to the worst. In that case, the Koreans wld rather fight to death.

Among various current reports, some of which I expect to turn out as groundless rumors: There is a persistent story that certain high US authorities are of the opinion that Koreans cannot defend their country without aid from their neighbors and that the neighbor that would help them is Japan. Should this rumored idea be translated into policy, the Communist cause wld be boosted as being patriotic, native forces fighting Communism utterly demoralized. From bitter past experiences, many non-Communist Koreans wld be forced to hug Communism as preferable to Japanese domination.

(2) The ROK army expansion program should be speeded up, I believe. The Communists keep building up their fighting forces wherever possible and by all available means. We cannot afford to lag behind the Communist tempo in building up our own defences. The dependability and fighting capability of Korean boys have been amply proved in the present conflict in Korea. I willingly place the Korean manpower at the disposal of the free world. If you could commission proper authorities to train, equip and arm an adequate number of Koreans, part of whom wld serve as UN police force anywhere in the world, if so required, it wld be a wise plan for world security, apart from the security of Korea. I very much wish your govt explicitly to commit itself to a definite well-worked-out program for expanding ROK army. I do not doubt that my people thus assured of their national safety, will be more readily persuaded to cooperate with you in the matter of armistice.

Let me say a few more words to assure you that this nation is one in perfect unity, so far as our struggle against Communism is concerned, which assurance you seem to like to have, as a certain [Page 116] passage in your letter indicates. There is nothing that will shake this national unity. It is true that we have political controversies from time to time. But it is a distortion to represent these controversies as disunity. As a matter of fact, controversies are inalienable from free discussion, just as free discussion is inalienable from democracy. Stamp out controversies and we shall stamp out democracy.

Recently, an amendment of the Constitution was proposed to the effect that the President be elected by popular vote instead of the Assembly vote, as provided for in the present Constitution, and that the National Assembly be made bicameral.[1] The proposal was made with a view to broadening as well as perpetuating the basis of the republican form of govt. The developments around this problem of constitutional amendment have been misrepresented as something threatening the national unity. But, I assure you, Mr. President, that they do not affect unity, so long as they take place in the free atmosphere of open discussion. It is my faith that the will of the people will be the ultimate arbiter of all political matters.

With sincere wishes and prayers for your good health and success.

Yours cordially,

SYNGMAN RHEE

1. This letter was transmitted to Washington in telegram 937 from Pusan, Mar. 27. The original letter, dated Mar. 21 but handed by President Rhee to Muccio on Mar. 27, was pouched to the Department.↩

2. *Ante*, <u>p. 74</u> .↵

3. This amendment to the Republic of Korea's constitution was the focal point of conflict between President Rhee and his opponents in the National Assembly. In an effort to assure his own reelection, Rhee attempted to force the amendment through the Assembly with the required two-thirds majority. Failing this, Rhee tried to go over the heads of the Assembly members by suggesting that the issue be settled by popular referendum. The National Assembly members countered with an amendment of their own calling for a parliamentary system with the cabinet responsible to the Assembly rather than the President. For more details on this constitutional crisis, see UN document A/2187, pp. 5–6.↵

OFFICE OF THE HISTORIAN

FOREIGN RELATIONS OF THE UNITED STATES, 1952–1954, KOREA, VOLUME XV, PART 1

Eisenhower Library, Eisenhower papers, Whitman file

The President of the Republic of Korea (Rhee) to President Eisenhower[1]

KYUNG MU DAI, April 9, 1953.

TOP SECRET

DEAR PRESIDENT EISENHOWER: I have often thought of writing you, but refrained from doing so for fear of encroaching upon your valuable time. The moment has come, however, when I have to inform you of what steps we must take regarding the Korean war situation.

I know without doubt the sincerity of your determination to settle the Korean war with honor as soon as possible. I know also that the opposition to your policy on the part of foreign powers, as well as of the peace-at-any-cost circles, is so strong that any Administration might feel hampered and handicapped. Under this circumstance, the Korean people again suffer disappointment, although they are not disappointed with you but in the whole situation.

If this situation is allowed to continue, Korea cannot survive as an independent nation and it   [Page 903] will be made another China. Perhaps that is what some United Nations members would wish. If Korea were given to the Soviets, nonetheless, all the so-called free nations will be in grave danger of being the next victims, one by one.

At all events, either as a result of the Indian resolution or of the Communists' recent offer of peace negotiations, if they arrange a peace agreement allowing the Chinese to remain in Korea, we have to ask all the friendly nations whose armed forces are now fighting in Korea and who do not desire to join with us in our determination to defeat aggressive communism and drive up to the Yalu River, to withdraw from Korea. Any nation which will join with us in our efforts to drive the Chinese Communists out of Korean territory will be welcomed to work with us. In this we must reiterate our original announcement that we will not move one step beyond our age-old national boundary line without your request.

[Here follow two paragraphs which President Eisenhower paraphrased in *Mandate for Change*, pages 181–182.]

With prayers for your health and success,

Sincerely yours,

SYNGMAN RHEE

---

1. The source text was the signed original; Sherman Adams sent a copy of this letter to President Eisenhower in Augusta, Georgia on Apr. 14, 1953.↩

□ 이승만 대통령이 아이젠하워 대통령에게 보낸 서한(1953.5.30)

친애하는 대통령 각하

본인은 최근 클라크 장군과 브릭스 대사를 통하여 구두 또는 서면으로 수회에 걸쳐 각하의 메시지를 접수한 영광을 지닌 바 있습니다. 그 결과 본인은 휴전의 방법을 통하여 한국전쟁을 해결하려는 귀하의 뜻을 충분히 인식하게 되었습니다. 본인은 귀하의 메시지를 충분히 연구하고 검토한 바 있습니다.

본인은 귀하가 이미 요청한 바와 같이 귀하가 필요하다고 판단하시는 어떠한 휴전도 받아들일 것을 약속하는 한 공개문을 발표할 수 있기를 진심으로 원하는 바입니다. 그러나 한편 우리는 중공군을 한국에 잔류시키는 어떠한 작전조치도 결국은 한국민에 대하여는 抗告없이 사형선고를 받아들이는 것과 같은 사실임을 두려워하고 있습니다. 한 국가로서 그렇게 한다는 것은 매우 어려운 사실인 것입니다. 더욱이 본인이 개인적으로 이러한 조치에 동의한다 하더라도 그것은 뒤따를 사태발전을 감안할 때 결코 도움이 되지 못할 것입니다.

그러므로 우리는 이때야말로 국제연합과 공산 측 협상자들이 고려하도록 한 제안을 제시함이 적절하고도 타당한 시기라고 생각됩니다. 공산주의자들도 그들의 제안을 제의하였고 국제연합도 그렇듯 제안한 바 있습니다.

그러나 대한민국 정부는 국제연합과 공산주의자들이 이 문제를 충분히 협의하도록 인내하면서 기대하고 있습니다. 그런데 이들 쌍방의 제안 중 그 어느 것도 모두에게 수락될 수 없는 것으로 입증

되었으며 결과적으로 교착상태에 빠진 이 전쟁에다 협상의 교착상태까지를 몰고 왔습니다. 우리는 어떠한 아카데믹한 주장으로서 이에 대한 반대가 있을지는 몰라도 이제 한국은 자체의 입장에서 최초이자 마지막인 하나의 제안을 하는 바 냉혹하고 기본적인 정의는 허용하리라 믿습니다.

우리의 견해로서는 한국 문제는 국제연합이 공산주의자와 싸우기 위해 한국에 그들의 군대를 파병하였을 때 군사적 수단에 의하여 해결하려고 시작하여 3년간의 전쟁을 지속해 온 만큼 이 문제는 침략자를 응징하여 한국을 통일하고 나아가서 모든 자유국가의 집단안보체제를 확고히 구축함으로써만이 해결된다고 보는 바입니다. 이것은 그들의 세계정복의 야욕을 단념케 하는 산파역이 될 것입니다. 그러나 우리는 새로운 국제연합의 제안이 굴종적이고 피할 수 없는 유화적인 성격을 지니고 있음을 발견하였으며, 결과적으로 이는 우리 모두에게 막대한 재앙으로 몰아넣게 될 것입니다. 그러므로 우리는 이러한 위험성을 동반하지 않는 안을 제안하기에 이른 것입니다.

한편 본인은 이 문제에 관하여 지난날 클라크 장군과 브릭스 대사에게 충분히 언급하고, 본인의 견해를 귀하에게 전달해 줄 것을 요청하였으므로 귀하께서는 이에 관해 충분한 보고를 받았을 줄 믿습니다. 본인은 또한 추가해서 그에 관한 회답을 받을 때까지 이 사실을 공포하지 않을 것임을 그들에게 말하였습니다. 이에 본인은 이러한 사실의 확인방법으로 그들에게 구두로 언급한 사실을 기록코자 합니다.

물론 그중에서 곤란을 무릅쓰고 이룩한 우리의 공동노력의 결실을 보호하기 위하여 만족스럽게 해결되어야 할 구체적인 사항도 있습니다. 본인은 한국을 분단시키고 한국에 중공군을 잔류시키는 여하한 협정 제의에도 불구하고 우리가 제안할 개략적인 내용을 다음과 같이 언급코자 합니다.

우리는 한미 양국 간에 상호방위조약이 선행되는 조건하에 한국으로부터 공산군과 유엔군이 동시에 철수할 것을 제의하는 바입니다. 본인이 지득하고 있기로는 북한공산괴뢰 정권은 중공과의 군사협정을 맺고 있으며, 한편 중공은 소련과의 또 다른 협정을 맺고 있는 것으로 알고 있습니다.

한국은 이러한 일련의 공산군 동맹체의 위협적인 영향력에 대하여 아무런 대책도 없는 것입니다. 우리는 양측이 필수적 요건과 이에 대한 만족의 부재에서 오는 위험을 인식하는 데에 의견의 일치를 본다면 이러한 방위조약의 체결을 저해하는 것으로 보이는 난문제들을 우리의 견해로는 대부분이 아카데믹한 문제이지만 이것이 해소될 때까지, 또한 그렇지 못하더라도 최소한 풍부한 이성과 지혜로서 제거할 수 있으리라고 진정 믿는 바입니다.

우리가 진정으로 원하는 상호방위조약은 양측에서 합의될 제 요건 중 다음 사항이 포함되어야 할 것입니다. 만일 적국이나 이들 동맹국이 한반도에 대하여 침략행위를 재개하는 경우 미국은 어떤 국가나 동맹국과의 여하한 협의나 회담 없이 즉각적으로 우리에게 군사원조 및 지원이 이루어지도록 동의하여야만 합니다.

안보협정에는 한국군의 증강을 위한 미국의 원조가 포함되어야 합니다. 만일 우리가 양측의 방위력 구축을 억제토록 하는 데에 합의하게 된다 하더라도 소련은 무슨 방법으로도 계속 군비를 증강할 것이므로 우리의 손은 묶이게 될 것입니다.

미국은 한국에서 미군이 또다시 싸울 필요성이 없도록 자체방위를 위하여 충분히 보강되어야 한다는 입장에서 적정량의 무기, 탄약, 그리고 일반 군수물자를 한국에 제공하여야만 할 것입니다. 미국의 공군과 해군은 또 다른 침략행위로부터 적을 억지하기 위하여 현 위치에 잔류하여야만 합니다.

동시철수를 위한 제안이 협상 당사자 간이나 양측에서 받아들일 수 없는 경우에는 계속 싸울 수 있도록 하여 주시기 바랍니다. 왜냐하면 그것이 분단적인 어떤 휴전이나 평화보다도 한국민들의 전반적인 선택이기 때문입니다. 만약 우리가 이를 그렇게 할 수 있도록 허용된다면 우리의 첫째 선택은 우리의 우방과 더불어 우리의 공동과제를 위해 우리를 도와 싸울 수 있도록 하는 것입니다. 그러나 이것이 더 이상 불가능하다면 우리는 차라리 어떻게 하여서든지 결론적으로 우리 자신의 문제를 결정할 수 있는 자결권을 가지기를 원하는 바입니다. 여하간 우리는 더 이상 교착된 분단의 상태하에서 생존할 수 없다는 것은 의문의 여지가 없는 것입니다.

전 자유세계의 최종적인 안전과 안보가 미국의 방위에 달려 있기 때문에 미국의 방위는 우리 자신의 방위와 마찬가지로 우리에게는 소중한 것입니다. 이러한 이유 때문에 우리는 미국으로 하여금 그들의 유화정책에 합세하도록 종용하는 몇몇 나라가 포함되어 있는 이른바 자유국가들의 행동통일을 불쾌하게까지 여기는 것입니다. 이들 국가들은 민주주의와 공산주의간의 지구상에서의 투쟁에서 그들의 위치를 인식지 못하고 있는 것입니다.

자유세계 측의 확고하고도 일관된 정책의 결핍으로 인하여 우리는 이미 소련 측에게 너무도 많은 나라들을 상실하고 있습니다. 이 정책이 계속될수록 더 많은 자유 국가들이 민주주의의 적국과 합세하게 될 것입니다.

한국민을 실망케 하는 것은 곧 모든 지구에서의 반공 국민의 대부분을 실망시키는 결과가 될 것입니다. 결과적으로 미국은 공산주의자들의 사막에서 민주주의의 오아시스가 되고 있는 자신을 스스로 발견케 될 것입니다. 본인은 미국 국민들이 평화의 대가로 그들의 자유와 민주제도를 결코 팔아버리지 않으리라고 믿습니다.

말이 아니라 행동만이 세계의 침략자를 저지할 수 있을 것입니다. 우리의 소원자들은 귀하가 당면하고 있는 어려움에도 불구하고 적국에 대하여 효과적인 조치를 추진시키는 데에 모든 노력을 기울여 적극 지원할 것입니다.

이승만
존경하는 미합중국 대통령 각하

FOREIGN RELATIONS OF THE UNITED STATES, 1952–1954, KOREA, VOLUME XV, PART 1

Eisenhower Library, Eisenhower papers, Whitman file

The President of the Republic of Korea (Rhee) to President Eisenhower[1]

SEOUL, May 30, 1953.

TOP SECRET

DEAR MR. PRESIDENT: I have recently had the honor of receiving several messages from Your Excellency, some oral and some written, through General Clark and Ambassador Briggs, and, as a result, come to be fully cognizant of your intention to settle the war in Korea by means of an armistice. I have given them full study and attention. I earnestly wish I could see my way clear to make a public statement, as requested, pledging to accept any armistice you may deem necessary. But we are fearfully aware, on the other hand, that to accept any armistice arrangement which would allow the Chinese Communists to remain in Korea would mean to the Korean nation, in terms of eventualities, an acceptance of a death sentence without protest. It is a hard thing for a nation to do. Furthermore, even if I personally agree to such an arrangement, it will not help the matter very much, as subsequent developments, I fear, will show.

It seems at once appropriate and opportune for us, therefore, to make a proposal now for the consideration of the United Nations and the Communist negotiators. Communists made their proposals; so did the United Nations. The Government of the Republic of Korea, however, has been patiently waiting all this while for them to discuss the matter fully among themselves. None of these proposals from other sides has proved to be acceptable to all and consequently there has come about a stalemate in negotiation, in addition to this stalemated war. Whatever academic arguments there may be against it, we cannot but feel that rough and rudimental justice calls for Korea making one first and last proposal on its own part.

From our own point of view, the Korean problem which the United Nations started to settle by military means when they sent their armed forces to Korea to fight the Communists and kept on [Page 1125] fighting for three years should be settled by punishing the aggressors, unifying Korea and thus firmly establishing the collective security of all free nations. This would be honorable and just for all concerned and alone would force the war makers to abandon their ambition to conquer the world. However, we have found, to our great disappointment, the new United Nations proposal to be of such an appeasing nature that it cannot avoid the appearance of surrender and that that, in turn, will lead to a great disaster to all. We are forced, therefore, to propose something which may not be fraught with such a danger.

Meanwhile, I am sure you have been fully informed of it, for I mentioned it to General Clark and Ambassador Briggs the other day, asking them to present my view of the matter to you. I told them further that I would not publicly announce it until I heard from them. I take it for granted, however, that you would not mind, if I released it now. I am going to write down here what I orally said to them by way of confirming it. There are, of course, certain detail matters to be worked out satisfactorily in order to safeguard the fruit of our common efforts so far made from dissipation. I submit the following as a rough outline of what we propose as something to be preferred to any arrangement leaving Korea divided and letting the Chinese Communists stay on in Korea.

We propose a simultaneous withdrawal of both the Communist and United Nations forces from Korea, on the condition that a mutual defense pact between our two governments precede it. The Communist puppet regime in north Korea has a military pact, I understand, with Red China, while the latter has another with Soviet Union. Korea has nothing to counteract the formidable impact of this series of Communist military copulations. We sincerely believe that once when both parties agree to see this primary need and the danger from the absence of its satisfaction, the difficulties, mostly academic in our view, that seem to discourage such a pact will vanish or, at least, can be brushed aside with much reason and wisdom.

The Mutual Defense Pact will, we earnestly hope, cover the following points, among others to be agreed upon by both sides.

The United States will agree to come to our military aid and assistance immediately without any consultation or conference with any nation or nations, if and when an enemy nation or nations resume aggressive activities against the Korean Peninsula.

The Security Pact should include the United States help in the increase of the ROK armed forces. If we come to agree with the Soviets to refrain from building up the defense forces on both sides, our hands will be tied while the Soviet continue to do it anyway.

Adequate supplies of arms, ammunition and general logistic materials will be given Korea with a view to making it strong enough to defend itself without needing American soldiers to fight in Korea again.

The United States air and naval forces will remain where they are now so as to deter the [Page 1126] enemy from attempting another aggression.

In case the idea of simultaneous withdrawal is found unacceptable to either or both of the negotiating parties, I beg you to allow the Koreans to continue the fighting, for this is the universal preference of the Korean people to any divisive armistice or peace. Our first choice, if we are allowed to make it, is still to have our allies by our side to actively help us fight out our common issue. But, if that is no longer possible, we would rather wish to have the right of self-determination to decide the issue ourselves conclusively one way or the other. Anyway, it is beyond question that we cannot any longer survive a stalemate of division.

Let me assure Your Excellency that the defense of the United States is as dear to us as is that of our own, for the ultimate safety or security of the whole free world hangs upon that of the United States. For this reason, we even resent the so-called unity of the free nations, some of whom do urge the United States to join in their appeasement policy. These nations do not realize where they stand in this global struggle between Democracy and Communism.

Due to the lack of a firm and steady policy on the part of the free world, we have lost already too many nations to the Soviets. The longer this policy continues, the more free nations will be forced to join with the enemy of Democracy. To disappoint the Koreans is to disappoint most of the anti-Communist elements everywhere. The United States will in the end find itself a democratic oasis in a Communist desert. I trust that the people of America will never sell out their freedom and democratic institutions at the price of peace.

Action, not words, will deter the world aggressor.

Our prayers are unwaveringly behind every effort of yours to pull through an effective action against the enemy, in spite of the difficulties that surround you.

Most sincerely yours,

SYNGMAN RHEE

1. The text of this letter was initially sent to Washington in telegram 1382 from Pusan, June 2, 1953, not printed. (795.00/6–253)↵

□ 아이젠하워 대통령이 이승만 대통령에게 보낸 답신(1953.6.6)

대통령 각하

본인은 5월 30일자 귀하의 전문서한을 6월 2일 접수하였습니다. 본인은 귀하의 서한에 대하여 신중히 그리고 충분히 고려하였습니다. 대한민국을 가장 뛰어난 영웅적인 투쟁의 하나로서 역사상에 남을 투쟁에 모든 인적, 물적인 자원을 동원하였습니다.

귀하는 인간의 존엄성을 짓밟으며 국가 주권을 굴복적인 위성국 지위로 바꿔 버리는 공산침략에 대항하여 인간의 자유와 국가적 지유는 수호되어야 한다는 원칙에 헌신하였습니다. 귀국이 싸우고 또한 귀국 청년의 수많은 희생을 내게 한 이 원칙은 세계의 모든 자유인과 자유 국민들을 수호하는 원칙에 헌신하였음을 입증했던 것입니다.

미국은 귀하를 지지하였으며 귀하와 함께 우리는 또한 유엔군사령관 소속의 일부로서 이 원칙을 위하여 싸운 것입니다. 귀국 청년들과 우리나라 청년들이 흘린 피는 공동 희생이라는 제단 위에 바쳐졌습니다. 이로써 우리는 인간의 자유와 정치적 자유를 위하여 헌신하였을 뿐 아니라 상호 의존 없이는 독립할 수 없으며 또한 인간의 공동 운명의 세대로서 결부되지 않고는 자유를 누릴 수 없다는 중요한 원칙에 헌신하였음을 입증했던 것입니다.

우리는 현재 한국의 통일을 위한 투쟁이 전쟁으로써 수행되어야 하느냐 불연이면 정치적 혹은 기타의 방법으로써 이 목적을 달성할 것이냐에 관하여 결정을 해야 할 순간이 왔습니다.

적은 침략의 이득을 명백히 포기하는 휴전을 제안하였습니다. 휴전협정은 한국이 침략을 당하기 전에 통치하였던 영토를 실질적으로 대한민국에게 당연히 귀속토록 하며 사실상 그 영토는 약간 확장될 것입니다.

제안 중에 있는 휴전협정은 자유를 목격하였으며 그 혜택을 받으려고 원하는 我側 관리하에 있는 수천의 북한 및 중공군 포로들이 정치적 망명의 원칙에 따라 그러한 혜택을 받을 기회를 가질 것이며, 공산주의의 지배하의 지역으로 강제 송환되지 않을 것을 보장하고 있습니다.

정치적 망명의 원칙은 우리 자신의 인적 및 물질적 손실을 조속히 종결시키기 위하여 희생시킬 수 없는 원칙인 것입니다. 이 원칙을 지키기 위하여 우리는 수만의 인명 희생을 내었습니다. 여하한 사정하에서 국제연합과 대한민국은 휴전협정을 수락할 필요가 있다는 것이 나의 굳은 신조일 것입니다.

한국 통일을 무력으로 달성하기 위하여 모든 불행이 수반되는 이 전쟁을 계속한다는 것은 정당하지 않은 것입니다. 한국의 통일은 미국이 과거에 한 번이 아니고 여러 번에 걸쳐 제2차 세계대전의 제 선언과 국제연합이 한국에 관하여 천명한 諸 원칙의 수호를 통하여 기약한 미국의 목적입니다.

한국은 불행히도 제2차 세계대전 이후 분할된 채 있는 유일한 국가가 아닙니다. 이와 같이 분할된 모든 국가들의 정치적 통일을 달성하기 위하여 우리는 최선을 다하겠다는 결심에는 아무런 변함이 없습니다. 그러나 우리는 우리가 헌신하고 있고 또한 우리가 정당하다고 믿는 전 세계적인 정치적인 문제해결을 성취하는 도구로써 전쟁을 이용하려는 의도는 없습니다.

북한으로부터 공격하여 온 자들이 그들의 지배하에 한국을 통일하고자 무력을 사용하였다는 사실은 하나의 범죄입니다. 나는 귀하의 공적 親友로서뿐만 아니라 개인적 친우로서 귀국이 이와 같은 행동을 취하지 않을 것을 요청하는 바입니다. 내가 귀하에게 제시하고 싶은 3개의 중요점은 다음과 같습니다.

1. 한국은 미국의 평화적 통일노력을 거부치 않을 것으로 믿습니다. 또한 국제연합의 일원으로서 우리는 이 문제에 관하여 유엔이 확고부동한 입장을 계속 취하도록 보장하기 위하여 노력할 것입니다. 휴전협정에 따르게 될 정치회담에서도 그것이 우리의 중심적 목표인 것입니다. 미국은 이와 같은 회담의 이전과 회담기간 중 귀국의 정부와 상의할 것이며 귀국 정부가 이 회담에 전적으로 참석할 것을 기대합니다.

2. 귀하는 상호방위조약에 언급한 바 있습니다. 본인은 휴전협정의 체결과 수락 직후 귀하와 미국과 비율빈, 미국과 호주 및 뉴질랜드 간에 이미 체결된 조약의 노선에 따라서 미국과 상호방위조약을 교섭할 용의가 있습니다.

귀하께서 아시는 바와 같이 이들 조약에는 태평양지역에 있어서의 더욱 포괄적인 안전보장체제의 발전에 언명하고 있습니다. 이 조약은 대한민국의 현 영토와 차후 평화적으로 대한민국의 행정관할에 들어오는 영토를 대상으로 할 것입니다. 물론 귀하가 아시는 바와 같이 아국 헌법상 여하한 조약은 상원의 권고와 동의에 의하여서만 체결되는 것입니다. 그러나 미국이 지금까지 취한 행동이나 한국의 독립을 위하여 이미 바친 많은 생명 재산은 미국이 불의의 침략의 재발을 허용하지 않을 것이라는 미국의 기질과 의도를 분명히 보여 주는 것입니다.

3. 미국 정부는 필요한 의회의 예산 할당을 얻는 대로 평화 시에 파괴된 영토를 재건할 수 있도록 대한민국에 대하여 경제 원조를 계속할 용의가 있습니다. 주택들이 재건되어야 합니다. 공장이 복구되어야 합니다. 농업은 절대적으로 생산적이 되어야 합니다.

미국의 헌법 전문에는 미국 국민의 목표로서 보다 완전한 연방 입법의 확립, 국내 평화의 보장, 공동방위의 준비, 일반복지의 증진 및 자유 혜택의 확보 등을 규정하고 있는바 나는 이것이 또한 용감한 대한민국 국민의 목표인 것으로 확신하는 바입니다.

한국에서는 분명히 여하한 모든 조건이 현재 전부는 존재하지 않습니다. 더구나 한국의 현 사태하에서는 이들 목표가 현 동란의 연장이나 또는 무모한 새로운 모험으로서는 성립될 수 없는 것입니다. 오로지 평화적 수단으로서만 이 목표를 달성할 수 있을 것입니다.

휴전협정이 체결되면 미국은 한국과 더불어 한국을 위하여 이들 목적을 추구할 용의가 있습니다. 우리는 한국의 더욱 완전한 통합이 있어야 한다고 믿으며 이 통합은 본인이 주장하는 바와 같이 모든 평화적 방법에 의하여 성취하도록 노력하여야 할 것입니다. 우리는 또한 한국에 국내 평화가 있어야 하며 그것은 전쟁을 종결시킴으로써만 이루어지는 것으로 믿습니다.

한국의 방위를 위한 규정이 있어야 합니다. 그 규정은 우리가 체결하려고 하는 상호방위조약으로써 가능할 것입니다. 일반 복지는 촉진되어야 하며 이것은 귀국의 평화 시에 있어서의 노력과 전쟁으로 파괴된 귀국에 대한 경제 원조로써 이룩할 수 있는 것입니다.

끝으로 평화적 해결은 귀국민에게 자유의 혜택을 가져오기 위한 가장 좋은 기회를 줄 것입니다.

나는 귀하에게 미국에 관한 한 한국과 협력하여 나가는 것이 우리의 희망이라는 것을 확언하는 것입니다. 이 중대한 시기에 있어서 분열을 생각한다는 것조차가 비극일 것입니다. 우리는 계속 단결하여야 합니다.

드와이트 디. 아이젠하워

□ 이승만 대통령이 아이젠하워 대통령에게 보낸 서한(1953.6.19)

친애하는 대통령 각하

나는 우선 6월 6일부 귀하의 서신에 대한 회답이 이같이 늦어서 미안하게 생각합니다. 사실인즉 편지 초안을 잡은 것이 한두 번이 아니었으나 내 입장을 밝히려니 자연 따지는 것 같고 또 따지는 듯이 보이고는 싶지 않았던 것입니다. 우정으로 이 글 쓰오니 우정으로 들어 주시기 바랍니다.

처음부터 우리는 우방들에게 밝혀 고하기를 중공침략자가 한국에 남아 있음을 허용하는 따위의 정전이 성립된다면 우리는 살아갈 수 없다고 하였던 것인바 이런 불안은 조금도 멸하지 않았습니다. 우리 우방들은 중공의 철퇴와 한국의 통일이 停戰 후에 오기로 된 정치회담에 의하여 문제없이 성취되리라고 보고 있는 듯합니다.

나는 이 점에 대하여 잡다한 논쟁을 하고 싶지는 않으나 우리는 이것이 가능하다고 믿지 않는 다는 것만은 말해 두어야 될 줄로 느낍니다. 이것이야 물론 의견 가지기에 달렸다고 하겠으나 우리의 이 의견은 묵살하려야 묵살할 수 없고 잊으려야 잊을 수 없는 사실에 의하여 지지되고 있습니다. 우리 자신이 겪은 경험은 그것을 의심할 수없이 반격해 줄 어떤 사실이 일어날 때까지는 우리 판단의 지침으로 의연히 되어 갈 것입니다.

지금 유엔은 한국은 어찌되든 간에 거의 염두에 두지 않고 공산침략자들과 휴전협정을 체결하려고 하고 있는 만큼 우리가 도대체 국가로 존속할 수 있는가 하는 의문이 우리 생각에 부단히 왕래하고 있습니다. 시국에 대한 우리의 반향이 어떤가는 다음 글을 보시면 대강 짐작하시게 될 줄 압니다.

세계 공산 침략에 대한 이 투쟁에 있어 군서, 경제 양면에 걸쳐 우리에게 막대한 원조를 준 사실을 회고하면서 우리는 최후까지 미국에 우의를 가지기를 뜻합니다. 만약 미군이 무슨 이유로 하여 이 이상 투쟁에 개입함을 중지하고 비켜서게 되거나 정전의 여파로서 한국에서 전부 철수하게 되더라도 우리는 반대할 의사가 없습니다. 그들이 한국에서 철수하는 것을 필요로 한다든지 혹은 함 직하다고 생각한다면 우리가 우정을 지속하려는 것이나 마찬가지로 호감을 가지고 철수할 수 있는 줄 압니다. 피차 상대방의 계획을 방해만 않는다면 양국 간의 친선관계는 유지될 수 있을 것입니다.

세 돌째 되는 이 전쟁의 첫해에 있어 미국과 유엔이 이끌어 가며 반복하여 전쟁목표로서 통일독립의 민주한국의 건설과 침략자의 응징을 공공연하게 지적하였습니다. 때는 마침 유엔군의 국경선에의 진격 중이었으므로 우리는 자연히 그것들을 전쟁목표로 인식하였던 것입니다. 그러나 공산군이 예상보다 강하게 보였을 때 유엔 政客들은 전쟁으로 한국 통일을 꾀한 일은 전연 없었다는 해석에 쏠리게 되었습니다. 이것은 자가의 약함을 공공연하게 고백한 것으로서 그대로 믿어준 사람은 별로 없었습니다. 요새 와서는 한국통일이니 침략자 처벌이니 하는 것은 말조차 사라지고 말았으니 마치 이 전쟁목표들이 벌써 달성되었거나 그렇지 않으면 전연 포기된 감이 있습니다.

들리는 말은 停戰뿐입니다. 그런데 이런 유화의 분위기 속에서 빚어내진 정전이 우리에게 바람직하고 명예스러운 항구한 평화에 이르게 되리라는 것은 큰 의문입니다. 나 개인으로서는 공산도배가

싸움터에서 동의하도록 강제되지 아니한 일인데 회담석상에서 동의하리라고는 믿지 않습니다. 경제원조와 국군확장에 대한 귀하의 후하신 제의는 우리의 긴급한 수요에 맞는 것으로서 한인 전체가 깊이 감사하여 마지않는 바입니다. 그러나 이런 제공이 우리가 아는 그런 정전을 허락하는 대가로서 온다면 우리는 그다지 마음에 걸리지 않습니다.

왜냐하면 전에도 말한 바와 같이 이런 정전의 수락은 사형선고의 허락이나 진배없기 때문입니다. 이런 치명적 타격을 입은 한국에게는 별로 소용될 물건이 없다고 하더라도 줄잡아하는 말일 것입니다. 停戰 후 양국 간에 상호방위조약을 체결하도록 주선하시겠다는 약속이 성의에서 우러나온 것임을 우리는 의심치 않습니다. 상호방위조약이야말로 우리가 늘 추구해 오던 바로서 만강으로 환영하는 바입니다. 그러나 이것이 정전에 한데 매여 있다면 그 성과는 거의 안 보일 정도로 줄어들 것입니다.

대통령 각하!

우리가 얼마나 난국에 직면하고 있는지 상상하시기 어렵지 않을 것입니다. 우리가 국군 전 장병을 위시하여 모든 것을 한국에서의 유엔행동에 바쳐 무서운 인적손실과 물적 피해를 입은 것은 오로지 우리나 우리 친우가 다 한국통일과 침략적 응징이라는 동일한 목표에 움직인다는 단 1개의 신념 때문이었던 것입니다. 그런데 유엔은 이 본래의 목적을 버리고 우리가 참여 못 했다고가 아니라 틀림없이 우리 국가의 멸망을 의미하는 것이므로 우리로서는 수락할 수 없는 그런 조건을 가지고 침략자와 타협하고 있는 것 같습니다. 그뿐만 아니라 유엔은 우리에게 협조하라고 압력을 가하고 있습니다. 이 정전조건에 관하여는 유엔은 적과 부동하고 있는 셈입니다.

미국의 정전에 대한 태도를 변경시키는 데 유화주의자의 주장이 주효하였다는 냉철한 사실을 우리는 안 보려야 안 볼 수 없습니다. 우리가 보는 바와 같이 이 위험한 경향이 만일 이 치명적 정전으로 말미암아 굳어진다면 미국을 포함한 잔여의 자유세계를 궁극적으로 위태롭게 할 것입니다. 수백만 명의 자유인이나 자유를 잃은 사람이나 할 것 없이 뼈에 사무치게 바라고 기원하는 것은 미국이 철의 장막 뒤에서 신음하는 제 민족을 해방시키는 큰 사명에 있어 자기네를 영도해 달라는 것입니다. 정전회담은 관계 측의 조인만을 남기고 있는 거나 진배없는 이 순간에도 공산군은 대규모의 공격전을 전개하고 있습니다.

이것이야말로 우리의 가까운 장래에 대한 경고가 아닐 수 없습니다. 현재의 정전조건 그대로는 공산군의 증강은 아무 거리낌 없이 진행되어 필경에는 저들이 선택한 시간에 남한을 일격에 쓸어버릴 수도 있을 것입니다. 그 후에는 나머지 극동은 어찌 될 것입니까? 아니 나머지 자유세계는 어찌될 것입니까? 흥망을 좌우하는 이 순간에 처하는 대책을 귀하의 현명한 영도에 기대하여 마지않습니다.

존경하는 대통령 각하
이승만

⑧ 한미상호방위조약

본 조약의 당사국은, 모든 국민과 모든 정부가 평화적으로 생활하고저 하는 희망을 재확인하며 또한 태평양 지역에 있어서의 평화기구를 공고히 할 것을 희망하고, 당사국중 어느 1국이 태평양 지역에 있어서 고립하여 있다는 환각을 어떠한 잠재적 침략자도 가지지 않도록 외부로부터의 무력공격에 대하여 자신을 방위하고저 하는 공통의 결의를 공공연히 또한 정식으로 선언할 것을 희망하고 또한 태평양 지역에 있어서 더욱 포괄적이고 효과적인 지역적 안전보장조직이 발달될 때까지 평화와 안전을 유지하고저 집단적 방위를 위한 노력을 공고히 할 것을 희망하여 다음과 같이 동의한다.

제1조

당사국은 관련될지도 모르는 어떠한 국제적 분쟁이라도 국제적 평화와 안전과 정의를 위태롭게 하지 않는 방법으로 평화적 수단에 의하여 해결하고 또한 국제관계에 있어서 국제련합의 목적이나 당사국이 국제련합에 대하여 부담한 의무에 배치되는 방법으로 무력으로 위협하거나 무력을 행사함을 삼가할 것을 약속한다.

제2조

당사국중 어느 1국의 정치적 독립 또는 안전이 외부로부터의 무력공격에 의하여 위협을 받고 있다고 어느 당사국이든지 인정할 때에는 언제든지 당사국은 서로 협의한다. 당사국은 단독적으로나 공동으로나 자조와 상호원조에 의하여 무력공격을 조지(阻止)하기 위한 적절한 수단을 지속하며 강화시킬 것이며 본 조약을 이행하고 그 목적을 추진할 적절한 조치를 협의와 합의하에 취할 것이다.

제3조

각 당사국은 타 당사국의 행정 지배하에 있는 영토와 각 당사국이 타 당사국의 행정 지배하에 합법적으로 들어갔다고 인정하는 금후(今後)의 영토에 있어서 타 당사국에 대한 태평양 지역에 있어서의 무력공격을 자국의 평화와 안전을 위태롭게 하는 것이라고 인정하고 공통한 위험에 대처하기 위하여 각자의 헌법상의 수속에 따라 행동할 것을 선언한다.

제4조

상호적 합의에 의하여 미합중국의 육군 해군과 공군을 대한민국의 영토내와 그 부근에 배비하는 권리를 대한민국은 이를 허여(許與)하고 미합중국은 이를 수락한다.

제5조

본 조약은 대한민국과 미합중국에 의하여 각자의 헌법상의 수속에 따라 비준되어야 하며 그 비준서가 량국에 依하여 「와싱톤」에서 교환되었을 때에 효력을 발생한다.

제6조

본 조약은 무기한으로 유효하다. 어느 당사국이든지 타 당사국에 통고한 후 1년후에 본 조약을 종지(終止)시킬 수 있다.

이상의 증거로서 하기 전권위원은 본 조약에 서명한다.

본 조약은 1953년 10월 1일에 「와싱톤」에서 한국문과 영문으로 두벌로 작성됨.

대한민국을 위해서 변 영 태

미합중국을 위해서 존 포스터 덜레스

OFFICE OF THE

HISTORIAN

FOREIGN RELATIONS OF THE UNITED STATES, 1952–1954, KOREA, VOLUME XV, PART 2

Secretary's Memoranda of Conversation, lot 64 D 199

United States Summary Minutes of the Second Meeting of United States Republic of Korea Talks, July 28, 1954, 10 a.m.[1]

WASHINGTON, August 2, 1954.

SECRET

PARTICIPANTS

United States
The Secretary of State
Ambassador Briggs
Mr. Drumright
Mr. Young
Mr. McClurkin
The Secretary of Defense
Admiral Radford
General Hall
Vice Admiral Davis
General Rogers
Mr. Sullivan
Mr. Stassen
Mr. Wood
Republic of Korea
President Rhee
Ambassador Yang
Ambassador Limb
Admiral Sohn Won–il
Paek Tu–chin
Dr. Choe Sun–chu
General Chong Il–kwon
General Kim Chong–yol
General Choe Tok–shin

1. *Report of Military Subcommittee*

Secretary Dulles asked Secretary Wilson for a report of the previous day's meeting of the Military

Subcommittee.

Secretary Wilson replied that the Subcommittee had discussed the program for the next   [Page 1848] year and in some areas, two years. The following items were discussed in the Subcommittee:

(a)   A stepped-up training program doubling the present rate to a figure of 20,000 a month. This rate is greater than the rate of young men becoming available and can be kept up for only about two years when it will have to drop to 10,000 a month.

(b)   Building up reserve units.

(c)   A personnel ceiling of 655,000 for the ground forces and about 715,000 for all arms of the ROK forces.

(d)   Making sure the men in the army are well trained and well fed. The United States recognizes some additional assistance in that area may be necessary. We also noted the importance of stopping the inflation in Korea.

(e)   A small arms and ammunition plant. The United States agreed to study this question further.

(f)   An increase in vessels for the ROK navy.

(g)   Modernization of the air force and the training of pilots and technicians for that force.

President Rhee gave general endorsement to what the Secretary of Defense had said. The specific details would depend upon the recommendation of the United States and ROK military advisers. A program to develop the ROK defense forces will be to the advantage of both the Koreans and the United States. As Secretary Wilson suggested, further economic assistance will be necessary to help Korea bear the financial burden of these forces.

2. *Area North of the 38th Parallel*

President Rhee and Admiral Sohn commented on the desirability of turning over to the ROK the territory between the 38th parallel and the military demarcation line in order that farming in that area can be expanded and mines can be reopened.

Mr. Drumright said that the United States is prepared to turn administrative control of this area over to the ROK. We have consulted with UNCURK.

Secretary Dulles said that he believes the UN Command as a practical matter has the authority to go ahead and take the action, and the United States Government will therefore authorize CINCUNC to effect the turnover.

---

1. These summary minutes were drafted by McClurkin who indicated that they were approved by Dulles. The meeting took place at the Department of State.↵

OFFICE OF THE HISTORIAN

Search

FOREIGN RELATIONS OF THE UNITED STATES, 1952–1954, KOREA, VOLUME XV, PART 2

Secretary's Memoranda of Conversation, lot 64 D 199

United States Summary Minutes of the Third Meeting of United States Republic of Korea Talks, July 29, 1954, 2:30 p.m.[1]

WASHINGTON, August 2, 1954.

SECRET

PARTICIPANTS

United States
The President
The Secretary of State
Ambassador Briggs
Mr. Drumright
Mr. Young
Mr. McClurkin
The Secretary of Defense
Admiral Radford
General Hull
Vice Admiral Davis
Mr. Stassen
Mr. Wood
Mr. Hagerty
Republic of Korea
President Rhee
Ambassador Yang
Ambassador Limb
Admiral Sohn Won-il
Paek Tu-chin
Dr. Choe Sun-chu
General Chong Il-kwon
General Kim Chong-yol
General Choe Tok-sin

1. *Joint Statement and Draft of Agreed Minute*

President Eisenhower commented that he was not certain a Joint Statement was necessary or desirable, but he was willing to accede to ROK wishes in this respect. He believed that it should be kept short.

Secretary Dulles said that decisions need to be taken with respect to economic and military matters—for example, the question of the exchange rate. Another very basic problem is the importance of better relations between the Republic of Korea and Japan. We have therefore prepared and given to the ROK just before the meeting a draft of an Agreed Meeting [*Minute?*] stating United States intentions and what we hope the ROK will be prepared to do.

It was agreed that a joint public statement would be issued on July 30, and that President Rhee and his advisers would study the draft of an Agreed Minute and discuss it further with Secretary Dulles and Secretary Wilson the next day.

President Rhee added that he was to depart on July 31, but could leave his military and [Page 1850] economic advisers to discuss in more detail some of the questions covered by the Draft Minute.

2. *President Rhee's "Plan for Unification of Korea"*

President Rhee said that he had wanted to reveal a plan he has for the unification of Korea to military authorities who would be competent to judge it. However, he had come to the conclusion that the suggestion would have value only if the United States is seriously considering any military measures to unify Korea. If at any time United States Government authorities think that something along these lines should be done, he would be glad to explain the plan which he has in mind.

President Eisenhower said that he certainly trusted that President Rhee's interest in ROK forces was not for purposes of attack.

Secretary Dulles commented on a private conversation he had had with President Rhee in which mention had been made of a plan President Rhee had in mind. Secretary Dulles had said that the United States was not interested in taking the offensive, although our military men always planned ahead for any contingencies. For example, aggressive action elsewhere by others might lead to hostilities which in turn might involve action in Korea.

President Eisenhower said that in the event of hostilities the United States did not intend merely to defend a line.

[Here follows discussion on item 3. "Relations between the Republic of Korea and Japan"; for text, see volume XIV.]

---

1. These summary minutes were drafted by McClurkin. The meeting took place at the White House.↩

OFFICE OF THE
—————————
HISTORIAN

FOREIGN RELATIONS OF THE UNITED STATES, 1952–1954, KOREA, VOLUME XV, PART 2

795.00/7–3054

United States Summary Minutes of the Fourth Meeting of United States Republic of Korea Talks, July 30, 1954, 3 p.m.[1]

WASHINGTON, [undated.]

SECRET

PARTICIPANTS

United States

The Secretary of State

Ambassador Briggs

Mr. Drumright

Mr. Young

Mr. McClurkin

The Secretary of Defense

Admiral Radford

General Hull

Vice Admiral Davis

General Rogers

Mr. Sullivan

Mr. Stassen

Mr. Wood

Mr. Moyer

Republic of Korea

President Rhee

Ambassador Yang

Ambassador Limb

Admiral Sohn Won-il

Paek-Tu-Chin

Dr. Choe Sun-chu

General Chong Il-kwon

General Kim Chong-yol

General Choe Tok-sin

1. *Neutral Nations Supervisory Commission*

[Page 1857]

Secretary Dulles referred to the statement made by General Won Yong Duk warning the Communist members of the NNSC to leave the Republic of Korea. He said that any action by the Republic of Korea to force the Czech and Polish members to leave South Korea created problems for us. The United States is trying to bring about an ending of the activities of the NNSC and we are planning to impose restrictions on the teams in the Republic of Korea comparable to those imposed in North Korea.

President Rhee said that these Communist members are moving relatively freely in South Korea, taking pictures and serving as a source of intelligence for the Communists. Meanwhile, the military buildup in North Korea continues despite the armistice. The armistice terms should be declared as ended, since the armistice was based on the proposition of the Political Conference, which has failed.

General Rogers pointed out the difficulty of achieving comparability between the situations in South Korea and North Korea, since the Communists have circumvented the port complex in the north by means of new rail lines which avoid the areas and by failure to make reports.

Secretary Dulles asked if President Rhee would agree not to take forceful action at the present time while we endeavor to bring an end to the activities of the NNSC through consultation with the Swiss and Swedes. In the meantime, we will try to see to it that the Czech and Polish members have no luxury facilities and are so far as possible under the same restrictions as they are in North Korea.

President Rhee agreed that he would give appropriate instructions to this effect.

2. *Draft Agreed Minute*

Most of this session was devoted to a detailed, paragraph-by-paragraph examination of a draft of an agreed minute which had been prepared by the United States side and given to the Koreans the preceding day. President Rhee remained only through the discussion of Paragraph 3(a) under the statement of the intentions and policy of the Republic of Korea. Thereafter, the burden of the discussion was carried for the Koreans by Ambassador Yang, Admiral Son Won-il and Mr. Paek Tu-Chin. Attached is a copy of this draft minute with deletions from the original United States draft bracketed and with additions to the original United States draft underlined.[2]

At the end of the meeting, there was agreement on the draft with additions and deletions as shown, but the Korean agreement was subject to President Rhee's concurrence. President Rhee did not initial the draft before he left Washington on July 31. That afternoon, he sent word to Ambassador   [Page 1858] Briggs through Ambassador Yang that he needed further time to study the proposed minute and that he preferred to delay his initialing until he knew more specifically the details of what the United States proposes as its economic and military programs for the Republic of Korea.

3. *Redeployment of United States Forces*

Admiral Sohn said that he could not agree to the reduction to one United Nations corps. He could not convince the Korean people that they are safe, and their morale will be very badly affected unless the equipment is left behind and four more Korean divisions are created when United States forces are withdrawn.

Secretary Wilson said that we think the forces which remain will be adequate for the defense of Korea.

Admiral Radford said that we have no prospect of funds to support additional Korean divisions. We believe that the forces which will remain in Korea can contain any renewed Communist aggression. If the Communists attack, we will be fighting a different kind of war.

Dr. Choe said that the Korean people will be greatly worried but if Korean forces are strengthened, that will help. Withdrawal should be accomplished gradually.

Secretary Dulles said that it is necessary to make political preparation for withdrawal, of course. However, the same problem exists all over the world, including the United States. As new weapons are developed, not so much manpower is needed at the front. We can not afford both to develop new weapons and to maintain the old-fashioned forces.

Ambassador Yang asked for more firepower for the present Korean forces and asked also that the equipment of the United States divisions be left behind when they leave.

General Hull said that he needs to study further the problem of equipment before knowing what might profitably be left behind. Equipment has to be taken care of or it will deteriorate. Both General Taylor and he have studied the whole question of Korean defense and he believes that the risk being taken is acceptable, especially since he believes that it is possible to improve the efficiency of the Korean armed forces.

4. Mutual Defense Treaty

Ambassador Yang said that the Koreans wanted a mutual defense treaty like the one between the United States and Japan.

Secretary Dulles said that we would be perfectly willing to give the Republic of Korea a treaty like the Japanese treaty. The Japanese treaty imposes no obligations upon the United States. We have no obligation under the treaty to come to the defense of Japan if it is attacked. On the other hand, it gives us perpetual rights to station our forces in Japan. It was a treaty which we made with a defeated enemy before the peace treaty came into effect. The Republic of Korea can have that kind of treaty if [Page 1859] it wants, but it would be crazy to take it.

Ambassador Yang said that he would have to study the question further.

5. Public Statement

Agreement was reached on a joint public statement to be released from the White House as soon as possible. Attached is the United States draft of this statement, bracketed to show the only change made in it.[3]

[Attachment]

Draft Agreed Minute of Conferences Between President Rhee and President Eisenhower and Their Advisers

WASHINGTON, July 31, 1954.

CONFIDENTIAL

It is in the mutual interests of the United States and the Republic of Korea to continue the close cooperation which has proved mutually beneficial and has played such an important part in the Free World's struggle against communism.

Accordingly,

It is the intention and policy of the Republic of Korea to:

1.

Cooperate with the United States in *its* efforts to unify Korea [by all appropriate measures short of war],[4]including possible efforts through the United Nations to secure this objective;

2. Retain Republic of Korea forces under the operational control of the United Nations Command while that Command has responsibilities for the defense of the Republic of Korea, *unless after consultation it is agreed that our basic policies diverge and an opportunity is given to the United Nations Command to withdraw;*

3. Take the necessary measures to make the economic program effective, including:

    (a) with respect to exchange rates, the official rate of the Republic of Korea Government *and the counterpart rate* being 180 to 1, agreement to procedures as proposed by the United States for the conversion of dollars at a different and realistic exchange rate to cover hwan drawings of United States forces by sales of dollars through the Bank of Korea, and an undertaking to sell its own foreign exchange at realistic rates of exchange, and generally to price aid goods into the Korean economy at similar rates, thereby providing for the maximum contribution to the Korean economy and to the Korean budget from the use of these resources   [Page 1860] (*it is estimated by the United States that during FY 1955 hwan will be purchased to the extent of $54 million*);

    (b) agreement that [a reasonable proportion of the] purchases anticipated in the aid program will be procured *wherever in non–Communist countries* [in Japan, provided Japan can furnish items of] *goods of* the required quality *can be obtained* at the best price (*it being the objective to perform the maximum possible procurement in Korea at competitive prices*);

    (c) encouragement of private ownership of investment projects;

    (d) cooperation in procedures for administration of United States aid funds consistent with United States legislation and the practices applied generally in such programs;

    (e) [consultation with] *"appropriate information" to* the appropriate United States representatives concerning Korean plans for the use of their own foreign exchange; and

    (f) a realistic effort to balance their budget and resist inflation (*it will be the objective of both Governments to manage the budget of the Republic of Korea in a manner that will not result in serious inflation*); and

4. Normalize relations with Japan and in the near future enter into negotiations with it to resolve the outstanding issues and for that purpose request the United States to [designate a mediator to] assist in bringing about a just solution.

Based upon the conditions which the Republic of Korea declares it will create, it is the intention and policy of the United States to:

1. Continue its program of helping to strengthen the Republic of Korea politically, economically and militarily;

2. Retain in Korea [for the present] the equivalent of one United Nations corps with necessary supporting units, *reduction to this level to be gradual;*

3. In the event of an unprovoked attack upon the Republic of Korea in violation of the armistice, to employ, in accordance with its constitutional processes, its retaliatory striking power against the aggressor;

4. Support *the* unification of Korea [by all appropriate measures short of war];

5. Support a strengthened Republic of Korea military establishment including the development of a reserve system in accordance with arrangements to be worked out by appropriate military representatives of the two Governments;

6. Provide some additional direct support to the Republic of Korea military forces in this U.S. fiscal year, the precise amount to be the subject of further detailed study and joint Republic of Korea–United States examination of the Republic of Korea military budget and to be negotiated [in Seoul] *promptly* after the United States Congress has acted on appropriations and the United States Government has reviewed its world-wide commitments.

7. Subject to the necessary Congressional authorizations, continue to press forward with the economic program for the rehabilitation of Korea.

---

1. These minutes were drafted by McClurkin. ↩

2. Additions to the U.S. draft in the attachment are printed as italics. ↩

3. For text of this statement as it was released, see the attachment to the Hagerty diary, July 30, *infra*. The change made was to omit the following clause from the last sentence of the third paragraph: "in accordance with the Declaration of the sixteen nations at Geneva on June 15, 1954." ↩

4. All brackets in this attachment are in the source text and indicate deletions from the original U.S. draft; all words printed as italics were additions to the original U.S. draft. ↩

⑫ 한미합의의사록(한국에 대한 군사 및 경제원조에 관한 대한민국과
   미합중국간의 합의의사록) 1954.11.17

1954년11월17일 서울에서 서명
1954년11월17일 발효
1955년 8월12일 워싱턴에서 수정
1955년 8월12일 수정발효

대한민국과 미합중국의 공동이익은 긴밀한 협조를 계속 유지하는데 있는바 이는 상
호 유익함을 입증하였으며 자유세계가 공산침략에 대하여 투쟁하며 자유로운 생존
을 계속하고자 하는 결의를 위하여 중요한 역할을 한 것이다. 따라서, 대한민국은
다음 사항을 이행할 의도를 가지고 있으며 또한 이를 그의 정책으로 삼는다.

1. 한국은 국제연합을 통한 가능한 노력을 포함하는 국토통일을 위한 노력에 있어
서 미국과 협조한다.
2. 국제연합사령부가 대한민국의 방위를 위한 책임을 부담하는 동안 대한민국국군
을 국제연합사령부의 작전지휘권하에 둔다. 그러나 양국의 상호적 및 개별적 이익
이 변경에 의하여 가장 잘 성취될 것이라고 협의후 합의되는 경우에는 이를 변경할
수 있다.
3. 경제적 안정에 배치하지 않고 이용할 수 있는 자원내에서 효과적인 군사계획의
유지를 가능케하는 부록 B에 규정된 바의 국군병력기준과 원칙을 수락한다.
4. 투자기업의 사유제도를 계속 장려한다.
5. 미국의 법률과 원조계획에 일반적으로 적용되는 관행에 부합하는 미국정부의원
조자금의 관리를 위한 절차에 협조한다.
6. 부록 A에 제시된 것을 포함하여 경제계획을 유효히 실시함에 필요한 조치를 취
한다.
대한민국이 실현하겠다고 선언한 조건에 기하여 미합중국은 다음 사항을 이행할 의
도를 가지고 있으며 또한 이를 그의 정책으로 삼는다.
1) 1955회계년도에 총액 7억불에 달하는 계획적인 경제조 및 직접적 군사원조로
써 대한민국이 정치적, 경제적 및 군사적으로 강화되도록 원조하는 미국의 계획을
계속한다. 이 금액은 1955회계년도의 한국에 대한 원조액으로 기왕에 미국이 상상
하였던 액보다 1억불 이상을 초과하는 것이다. 이 총액중 한국민간구호계획의 이월
금과 국제연합 한국재건단에 대한 미국의 거출금을 포함하는 1955회계년도의 계획
적인 경제원조금액은 약2억8천만불에 달한다(1955회계년도의 실제지출은 약2억5천
만불로 예상된다).
2) 양국정부의 적당한 군사대표들에 의하여 작성될 절차에 따라 부록 B에 약술한
바와같이 예비군제도를 포함한 증강된 대한민국의 군비를 지원한다.
3) 대한민국의 군비를 지원하기 위한 계획을 실시함에 있어서 대한민국의 적당한
군사대표들과 충분히 협의한다.
4) 대한민국에 대한 도발에 의하지 않는 침공이 있을 경우에는 미국의 헌법절차에

의거하여 침략자에 대하여 그 군사력을 사용한다.
5) 필요한 국회의 승인을 조건으로 하여 한국의 재건을 위한 경제계획을 계속 추진한다.

1954년11월17일 대한민국 서울에서

대한민국외무부장관 변 영 태
대한민국주재미합중국대사 에리스. 오. 브릭스

한미합의의사록부록 A
효과적인 경제계획을 위한 조치

대한민국은 경제계획을 효과적인 것으로 하기 위하여 다음 사항을 포함하는 필요한 조치를 취한다.
1. 환율에 관하여는, 대한민국정부의 공정환율과 대충자금환율을 180대1로 하고, 한국은행을 통하여 불화를 공매함으로써 조달되는 미국군의 환화차출금에 충당하기 위하여 공정환율과 상이한 현실적인 환율로 교환되는 불화교환에 관하여 미국이 제의한 절차에 동의하며, 일반적으로 원조물자도 유사한 환율에 의한 가격으로 한국경제에 도입함으로써 그러한 재원의 사용으로부터 한국경제와 한국예산에 대한 최대한도의 공헌을 얻도록 한다. 미국에 의한 환화차출에 관한 현존협정들의 운영은 전기한 조치가 실제에 있어서 양국정부에게 다 같이 만족하게 실시되는 한 이를 정지한다.
2. 미국이 현물로 공여하지 않은 원조계획을 위한 물자는 어떠한 비공산주의국가에서든지 소요의 품질의 물자를 최저가격으로 구입할 수 있는 곳에서 구매하는데 동의한다(이는 세계적인 경제가격에 의한 가능한 최대한의 구매를 한국에서 행함을 목적으로 하는 것임).
3. 한국자신의 보유외화의 사용을 위한 계획에 관한 적절한 정보를 관계미국대표들에게 제공한다.
4. 한국예산을 균형화하고 계속하여 "인푸레"를 억제하기 위한 현실적인 노력을 행한다(양국정부의 목적하는 바는 한국예산을 "인푸레"를 억제할 수 있는 방식으로 발전시키는데 있다).

1954년11월17일자 합의의사록에 대한 수정

1954년11월17일에 서명된 대한민국정부와 미합중국정부간의 합의의사록 부록 A의 제1항은 1955년8월15일자로 다음과 같이 수정된다.
대한민국정부 및 그 기관의 모든 외환거래를 위한 환율로써 1955년8월15일자로 대한민국에 의하여 제정될 미화 1불대 5백환의 공정환율은 한국으로 물자 및 역무를 도입하기 위하여 공여되는 미국의 원조에 대하여 다음 것을 제외하고 적용된다.

(가) 미국원산인 석탄은 1956년6월30일에 종료될 회계연도기간중 공정환율의 40%이상에 해당하는 환율로 가격을 정할 수 있다.
(나) 비료는 즉시 공정환율의 50%이상에 해당하는 환율로 가격을 정할 수 있으나 1956년1월1일 이후에는 공정환율로 인상하여야 한다.
(다) 이윤을 목적으로 하지 않는 사업을 위한 투자형의 물품
(라) 구호물자
이윤을 목적으로 하는 사업을 위한 투자형물품에 대하여는 합동경제위원회가 차등환율 또는 보조금의 형식을 통하여 감율을 건의하지 않는 한 공정환율로 가격을 정한다.
공정환율은 미국군에 의한 환화구입에 적용된다.
미합중국정부는 한국의 안정된 경제상태를 발전시키기 위한 대한민국정부의 노력에 대하여 이 목적을 위하여 이용할 수 있는 자원의 범위내에서 협조한다. 이 점에 관하여 양국정부는 신속한 행동에 의하여 원조계획을 조속히 완성으로 이끌어야 한다는 목적에 대하여 특별한 관심을 경주한다.
1954년11월17일자의 합의의사록 부록 A에 대한 이 개정의 효력발생일자 이전에 존재하였던 미국에 의한 환화취득에 관한 협정들은 원합의의사록 부록 A의 제1항에서 원래 승인하였던 협정을 포함하여 전기한 조치가 실제에 있어서 양국정부에게 다같이 만족하게 실시되는 한 이를 정지한다.

1955년 8월 12일 미국 위싱턴에서

대한민국정부를 위하여: 양 유 찬
미합중국정부를 위하여: 월터 에스 로버트슨

| 연 표 |

일 자		내 용
1950	6. 25	한국전쟁 발발
	7. 7	유엔 안전보장이사회 한국전에 참전할 유엔군을 창설하는 결의안 통과
	7. 14	이승만 대통령, 한국군 작전지휘권 UN사령부에 위임
	9. 15	인천상륙작전 성공으로 전세역전
	10. 1	유엔군 38선 도달. 한국군은 즉시 38선 이북 진격을 했으나, 유엔군은 10월 7일 유엔에서 새로운 결의안을 채택한 이후 10월 9일부터 38선 이북 진격
	10. 25	중국군 참전
1951	7. 10	한국전쟁 정전회담 시작
1953	3.	소련 스탈린의 사망으로 한국전 정전회담 급진전
	4. 9	이승만 대통령 아이젠하워 대통령에게 서한발송. 중국군이 한반도에 주둔한 상태로 휴전이 이루어진다면, 한국정부는 한국군과 같이 압록강까지 진격을 하지 않는 모든 동맹국 군대에게 한국으로부터 철수하도록 요구할 것이라고 천명 [자료 4] 이승만 대통령이 아이젠하워 대통령에게 보낸 서한(1953. 4. 9)
	4. 21	한국 국회 '통일없는 평화 반대' 결의안 통과
	5. 4	유엔군 사령부 이승만 대통령 제거작전 Operation Everready 수립
	5. 30	미 국방부-국무부 합동회의, 에버레디작전 포기하고 한국에 동맹조약 체결해 주기로 결정 [자료 5] 이승만 대통령이 아이젠하워 대통령에게 보낸 서한(1953. 5. 30)
	6. 18	이승만 대통령, 27,000여 명의 반공포로 석방
	7. 27	한국전 정전협정체결

일 자		내 용
1953	8. 2	미국의 덜레스 국부장관 한국 방문 한미상호방위조약의 자동개입조항 삽입 여부에 대해서 한국정부와 논의 자동개입 조항 대신 헌법적 절차에 의해서 개입하는 조항 삽입 합의
	8. 8	한미상호방위조약 가조인
	10. 1	한미상호방위조약 체결(워싱턴 D. C.) [자료 8] 한미상호방위조약(1953. 10. 1)
1954	1. 23	미국 상원 한미상호방위조약 비준
	7. 17	이승만·아이젠하워 한미정상회담 개최 이승만의 단독북진을 막기 위하여 미국은 군사 및 경제원조 약속
	11. 17	한미 합의의사록 체결. 공식 명칭은 "경제 및 군사문제에 관한 한미합의의사록(Agreed Minute Relating to Continued Cooperation in Economic and Military Matters)" [자료 12] 한미합의의사록(1954. 11. 17)

|참고문헌|

1차 자료

Foreign Relations of the United States(FRUS) 1952-1954(미 국무부 발간 외교문서집).
Record Group59, DS(Department of State) Records, National Archive(미국 정부문서보관소에
　　　보관되어 있는 국무부 외교문서들).
Department of State, *Bulletin*.

『한미동맹 60년사』, 국방부 군사편찬연구소, 2013.
『이승만관계 서한자료집 4』, 국사편찬위원회.
『자료대한민국사 제29권』, 국사편찬위원회.
『이승만대통령 방미일기』, 서울: 코러스, 2011.

2차 자료

서적

Allen, Richard C. *Korea's Syngman Rhee: An Unauthorized Portrait*. Tokyo: Charles E.
　　　Tuttle Co., 1960.
Ambrose, Stephen E. *Eisenhower: The President 1952-1969*. London: George Allen &
　　　Unwin, 1984.
Divine, Robert A. *Eisenhower and the Cold War*. New York: Oxford University Press,
　　　1981.
Dulles, John Foster. *War or Peace*. New York: The Macmillan Co., 1957.
Eisenhower, Dwight D. *The White House Years: Mandate for Change, 1953-1956*,
　　　Vol.1. Garden City: Doubleday, 1963.
Ferrell, Robert H.(ed.). *The Eisenhower Diaries*. New York: Norton, 1981.

Greenstein, Fred I. *The Hidden-Hand Presidency: Eisenhower as Leader.* New York: Basic Books, 1982.

Horowitz, David. *From Yalta to Vietnam: American Foreign Policy in the Cold War.* Harmondsworth, 1967.

Joy, Charles Turner. *Negotiating while Fighting: the diary of admiral C. T. Joy at the Korean Armistice Conference.* ed., by A. E. Goodman, Stanford, 1978.

Kim, Gye-Dong. *Foreign Intervention in Korea.* Aldershot: Dartmouth Publishing Company, 1993.

Kolko, Joyce, and Gabriel. *The Limits of Power: The World and U.S. Foreign Policy, 1945-54.* New York: Harper & Row, 1972.

Oliver, Robert T. Syngman Rhee: *The Man behind the Myth.* New York: Dodd Mead and Company, 1955.

Hermes, Walter G. *US Army in the Korean War: Truce Tent and Fighting Front*, Office of the Chief of Military History, Department of Army. 1966.

김계동. 『한국전쟁: 불가피한 선택이었나』. 서울: 명인문화사, 2014.

남정옥. 『이승만 대통령과 6·25 전쟁』. 서울: 이담, 2010.

박태균. 『우방과 제국: 한미관계의 두 신화』. 서울: 창비, 2006.

서재정. 『한미동맹은 영구화하는가』. 서울: 한울, 2009.

서정건·유성진·이재묵. 『미국 정치와 동아시아 외교정책』. 서울: 경희대학교 출판문화원, 2017.

신기욱. 『하나의 동맹 두 개의 렌즈: 새 시대의 한미관계』. 서울: 도서출판 한국과 미국, 2010.

양대현. 『역사의 증언: 휴전회담비사』. 서울: 형설출판사, 1993.

윌리엄 스툭 지음, 서은경 옮김. 『한국전쟁과 미국 외교정책』. 서울: 나남출판, 2005.

정용석. 『미국의 대한 정책』. 서울: 일조각, 1979.

제성호. 『한미동맹의 법적 이해』. 서울: 한국국방연구원, 2015.

한국역사정치연구회. 『사료로 본 한국의 정치와 외교: 1945~1979』. 서울: 성신여자대학교 출판부, 2005.

논문

Barry, Mark. "Overcoming the Legacy of the Korean War: America's Role for Peace on the Korean War." 한국정치학회 주최 『The Korean War and Searching for Peace on the Korean Peninsula in the 21st Century』세미나 발표논문. 2000년 6월 24일.

Bernstein. Barton J. "Syngman Rhee: The Pawn As Rook—The Struggle to End the Korean War." *Bulletin of Concerned Asian Scholars*. Vol.10, No.1. Jan.-Feb., 1978.

Kotch, John. "The Origins of the American Security Commitment to Korea," in Bruce Cumings, ed., *Child of Conflict: The Korean-American Relationship, 1943-1953*, Seattle: University of Washington Press, 1983.

Lee, Haejong. "The Making of American Hegemony: Rearmanent and the American State." Paper presented for the conference of American Political Science Association (APSA). September 1996.

김계동. "한미동맹관계의 재조명: 동맹이론을 분석틀로." 『국제정치논총』. 제41집 2호. 2001년.

김계동. "한국전 휴전협상의 추진배경 연구: 전선의 안정과 정치적 결말 모색." 『한국군사』. 창간호. 1995년 7월.

김계동. "강대국 군사개입의 국내정치적 영향: 한국전쟁시 미국의 이대통령 제거 계획." 『국제정치논총』. 제32집 1호. 1992년.

김계동. "한미 상호방위조약 체결과정과 개선방안." 『사상과 정책』. 제6권 2호. 1989년 여름.

김보영. 『한국전쟁 휴전회담 연구』 (한양대학교 사학과 박사학위 논문, 2008).

이종원. "6·25전쟁과 미국의 동아시아 지역통합전략의 변천." 연세대학교 국제대학원 부설 현대한국연구소 제4차 국제학술회의 『한국과 6·25 전쟁』 발표논문. 2000년 10월 6일.

차상철. "이승만과 한미상호방위조약." 연세대학교 국제대학원 부설 현대한국연구소 제4차 국제학술회의 『한국과 6·25 전쟁』 발표논문. 2000년 10월 6일.

| 찾 아 보 기 |